★《平潭综合实验区革命老区发展史》编纂委员会

《平潭综合实验区革命老区发展史》编辑部

革命老区
全国革命老区县发展史丛书

全国革命老区县发展史丛书 · 福建卷

平潭综合实验区
革命老区发展史

平潭综合实验区党工委
平潭综合实验区管委会
编

厦门大学出版社
XIAMEN UNIVERSITY PRESS
国家一级出版社
全国百佳图书出版单位

图书在版编目(CIP)数据

平潭综合实验区革命老区发展史/平潭综合实验区党工委，平潭综合实验区管委会编.—厦门：厦门大学出版社，2021.5
(全国革命老区县发展史丛书.福建卷)
ISBN 978-7-5615-8216-9

Ⅰ.①平…　Ⅱ.①平… ②平…　Ⅲ.①平潭县—地方史　Ⅳ.①K295.74

中国版本图书馆 CIP 数据核字(2021)第 092015 号

出版人　郄文礼
责任编辑　韩轲轲
封面制作　张雨秋
技术编辑　朱　楷

出版发行　厦门大学出版社
社　　址　厦门市软件园二期望海路 39 号
邮政编码　361008
总　　机　0592-2181111　0592-2181406(传真)
营销中心　0592-2184458　0592-2181365
网　　址　http://www.xmupress.com
邮　　箱　xmup@xmupress.com
印　　刷　厦门兴立通印刷设计有限公司

开本　720 mm×1 000 mm　1/16
印张　13.25
插页　8
字数　210 千字
版次　2021 年 5 月第 1 版
印次　2021 年 5 月第 1 次印刷
定价　88.00 元

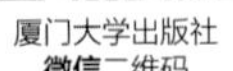
厦门大学出版社
微信二维码

厦门大学出版社
微博二维码

习近平总书记论老区工作

要做好革命老区、中央苏区脱贫奔小康工作。今年是新中国成立70周年，要饮水思源，决不能忘了老区苏区人民。要梳理排查、抓紧工作，确保老区苏区在全面建成小康社会进程中一个都不掉队。

《参加十三届全国人大二次会议福建代表团审议时的讲话》

（2019年3月10日）

我这次来江西，是来看望苏区的父老乡亲，看看乡亲们的生活有没有改善，老区能不能如期脱贫摘帽。脱贫攻坚已经进入决胜的关键阶段，各地区各部门要再加把劲，着力解决好“两不愁三保障”突出问题，让老区人民过上幸福生活。

《在江西考察时的讲话》

（2019年5月20日—22日）

前几天，我去了江西于都，参观中央红军长征出发地，目的是缅怀当年党中央和中央红军在苏区浴血奋战的峥嵘岁月，牢记红色政权是从哪里来的、新中国是怎么建立起来的，不忘历史、不忘初心。

《在“不忘初心、牢记使命”主题教育工作会议上的讲话》

（2019年5月31日）

平潭综合实验区地图
基本地理信息版
福清市
长乐区
福清湾
屿头岛
大练岛
小练岛
苏澳镇
平原镇
芦洋
中楼
流水镇
白青
十八村
君山
东庠岛
东庠
韩厝水库
平潭仙人井
海坛岛
潭城镇
岚城
平潭县
平潭综合实验区
北厝镇
三十六脚湖水库
三十六脚湖
敖东镇
澳前镇
海坛湾
坛南湾
福清市
高山镇
东瀚镇
S1522平潭连接线
海坛海峡
草屿
南海
塘屿
秀屿区
南日群岛
台湾海峡
图例
平潭综合实验区
县级行政中心
镇、乡驻地
设区市界
县级界
河流、湖泊、水库
高速公路
环岛路、国省干线
其他公路
山峰
主要旅游资源
比例尺 1:25万
审图号：闽S〔2018〕55号
福建省测绘地理信息局 监制

平潭综合实验区地图

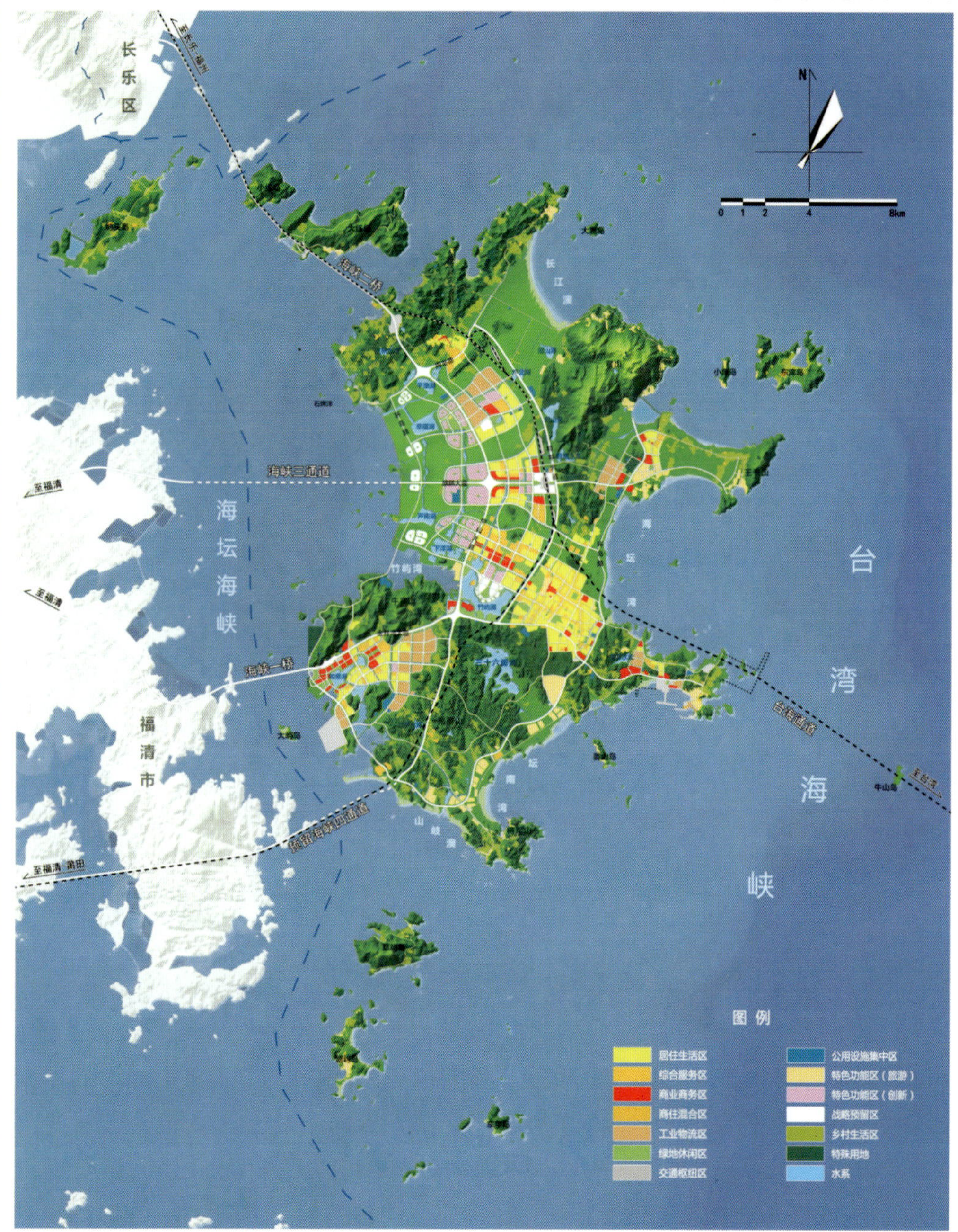

平潭综合实验区国土空间总体规划（2018—2035年）城乡规划功能分区图

潭城镇中正堂（平潭游击支队第一次解放平潭战斗遗址）

炮楼（苏澳镇民主村游击活动遗址）

屿头乡田下村红军楼

苏澳镇看澳村天后宫（游击活动遗址）

幸福洋生态工程

原火烧港盐田

2010年11月30日，平潭海峡大桥（一桥）试通车

2011年11月30日，“海峡号”客轮首次从平潭澳前码头直达台湾台中港

2015年4月29日，全国首票快件由平潭先发，漂洋过海赴台，
意味着平潭对台海运快件正式运营

2015年11月3日，“台平欧”海铁联运首票货物在
平潭海峡高速客运码头站前启动

2020年10月1日，我国首座跨海公铁两用桥——平潭海峡公铁两用大桥公路试通车。同年，12月26日，福平铁路开通，标志着平潭发展进入高铁时代

台北快轮在金井港装卸货物

环岛路，总长约100公里

长江澳风力发电田

台湾创业园为创业者提供优质的创业平台

金井新城

外来务工人员为平潭祝福（背景为金井片区）

总　序

在举国欢庆新中国成立70周年前夕，中国老区建设促进会王健会长请我为“全国革命老区县发展史丛书”作序。作为一名在老区战斗过并得到老区人民生死相助的老兵，回首往事，我心潮澎湃，感慨万千，深感义不容辞，欣然应允。

中国革命老区，是以毛泽东为代表的中国共产党人在领导人民推翻帝国主义、封建主义和官僚资本主义三座大山，争取民族独立和人民解放伟大斗争过程中建立的革命根据地。在这片红色的土地上，诞生了无数可歌可泣的革命英雄儿女，为后人树起了一座不朽的丰碑，她是新中国的摇篮，是党和军队的根。

在艰苦卓绝的战争年代，老区人民把自己的命运与中华民族的命运紧紧地联系在一起，与中国共产党和人民军队的命运紧紧地联系在一起，他们生死相依，患难与共。我曾亲历过战争年代，并得到过老区红哥红嫂的救助，切身感受到发生在身边的一幕幕撼天动地的革命故事，在那极其艰难的条件下，老区人民倾其所有、破家支前，不怕艰难困苦，不怕流血牺牲。“最后一碗米送去做军粮，最后一尺布送去做军装，最后一件老棉袄盖在担架上，最后一个亲骨肉送去上战场。”这是当时伟大的老区人民为建立新中国做出巨大牺牲的真实写照，它将永远镌刻在中国共产党、中国人民解放军、中华人民共和国的历史丰碑上。他们的光辉业绩永载史册，他们的革命精神必将影响一代又一代的革命新人，造就一代又一代的民族脊梁。

在社会主义革命和建设时期，革命老区和老区人民响应党的号召，面对落后的面貌、脆弱的经济、恶劣的生态环境，他们本色不变，精神不丢，自力更生，艰苦奋斗，干一行爱一行。他们始终坚持“革命理想高于天”，自觉做共产主义远大理想的坚定信仰者和忠实实践者，勇于向恶劣的自然环境和贫穷落后宣战。他们在各条战线上为国建功立业，用平凡的双手创造了一个又一个不平凡的奇迹，彰显了老区人的崇高精神和人格力量。

在改革开放的伟大进程中，老区人民解放思想，勇于创新，发愤图强，攻坚克难，老区的经济社会建设取得了辉煌成就，特别是在改变中国的面貌、中华民族的面貌、中国人民的面貌、中国共产党的面貌的伟大实践中发挥了至关重要的作用。老区人民既是改革开放的参与者，又是改革开放的推动者。

艰苦炼意志，危难见精神。老区人民在近百年的革命战争、社会主义建设和改革开放的伟大实践中，孕育形成了伟大的老区精神：爱党信党、坚定不移的理想信念；舍生忘死、无私奉献的博大胸怀；不屈不挠、敢于胜利的英雄气概；自强不息、艰苦奋斗的顽强斗志；求真务实、开拓创新的科学态度；鱼水情深、生死相依的光荣传统。这是党和人民宝贵的精神财富、丰厚的政治资源，是凝心聚力、振奋民族精神的重要法宝，也是社会主义核心价值观的重要内容。

中国老区建设促进会怀着强烈的政治责任感和历史使命感，组织全国各地老促会人员克服困难，尽心竭力编纂“全国革命老区县发展史丛书”，记录老区的光辉历史和辉煌成就，传承红色基因，弘扬老区精神，这是功在当代，利在千秋的一件大事。手捧这部丛书的部分书稿，读着书中的故事，我倍感亲切，深感这部丛书具有资政、育人、存史的社会功能，有着重要的时代和历史价值。它是不忘初心、牢记使命的源头活水，是赞颂共产党、讴歌老区人民的一部精品力作，是弘扬老区精神、传承红色记忆的丰厚载体，是一项继承优秀传统文化、弘扬革命文化、发展社会主义先进文化、坚定“四个自信”的宏大文化工程。它必将成为一种文化品牌，为各界人士了解老区、宣传老区、支持老区提供一部有价值的研究史料。我们希望读者朋友们能从中了解并牢记这些为党和民族的利益不断奉献的老区人民，从中得到教益，汲取人生奋斗的精神动力。

新时代赋予新使命，新起点开启新征程。让我们更加紧密地团结在以习近平同志为核心的党中央周围，坚持以习近平新时代中国特色社会主义思想为指导，增强“四个意识”，坚定“四个自信”，做到“两个维护”，弘扬老区精神，铭记苦难辉煌。让我们为实现“两个一百年”奋斗目标，实现中华民族伟大复兴的中国梦做出新的更大的贡献！

逯浩田

2019年4月11日

序　言

不忘初心，方得始终。习近平总书记指出："老区是中华人民共和国的摇篮，没有革命老区就没有中国革命的胜利，没有中国革命的胜利就没有新中国的今天。"平潭作为革命老区县之一，有革命老区村 34 个，革命火种曾遍及主岛及附属岛屿。历经抗日战争、解放战争的烽火洗礼，海岛积存了深厚革命历史积淀和丰富红色文化基因。

一部革命老区发展史，就是一首平潭儿女忠于革命、不怕牺牲、敢于斗争的英雄史诗。抗日战争期间，平潭曾六度沦陷，但以曾焕乾、周裕藩为代表的共产党人，组织老区群众和爱国青年不屈不挠、顽强抗击，又六度光复家园，造就了闽海地区乃至全国海上抗日游击战的典范。同时，在突袭日军"多多良丸"运输船、聚歼"纪宝丸"运输船、东尾围歼日寇、焚烧日舰"胜浦丸"、奇袭牛山岛等战斗中，也都留下了平潭儿女可歌可泣的英雄事迹。解放战争期间，平潭人民游击队初心不改、忍辱负重、坚持抗战，在敌我力量悬殊的情况下，在南下大军尚未到达福建前，依靠自身力量，以弱胜强、解放平潭，建立人民民主政权，堪称"八闽首光"，也充分彰显了平潭人民对革命忠贞笃实、热忱执着、不屈不挠的追求，为一代代平潭儿女留下了宝贵的精神财富。

"为有牺牲多壮志，敢教日月换新天。"新中国成立以来，平潭人民在党的坚强领导下，继承革命传统，积极开拓进取，取得了社会主义改造、建设及改革开放的一个个胜利，改变了海岛贫困落后的面貌。特别是自实验区成立以来，全区上下深入贯彻落实中央和省委、省政府的部署，紧紧围绕习近平总书记亲自擘画的“一岛两窗三区”战略定位，充分发挥“实验区＋自贸区＋国际旅游岛”三区叠加优势，发扬斗争精神，爬坡过坎、攻坚克难，开启实验区开放开发的新局面，千年海岛发生了翻天覆地变化。

以史为鉴，可明事理、知兴替、鉴未来。《平潭综合实验区革命老区发展史》付梓刊行，将成为实验区广大党员、干部、群众了解乡情、区情、革命史情的重要教材。站在两个一百年的历史交汇点上，让我们承前启后、继往开来，高举习近平新时代中国特色社会主义思想的伟大旗帜，传承革命先辈的优良传统和精神品格，奋力谱写“一岛两窗三区”建设的新篇章。是为序。

平潭综合实验区党工委书记　陈善光

2021 年 2 月

编纂说明

2017年6月，中国老区建设促进会组织全国各地老促会启动编纂“全国革命老区县发展史丛书”，按照“建立中国共产党、成立中华人民共和国、推进改革开放和中国特色社会主义事业”三大里程碑的历史脉络，系统书写革命老区百年历史，深入挖掘革命老区红色文化资源。这对于充实丰富中国革命史籍宝库、在新时代传承红色基因、弘扬革命精神、强固根本，对于激励人们在新的历史条件下夺取中国特色社会主义伟大胜利，实现中华民族伟大复兴的中国梦具有重要意义。

丛书编纂以习近平新时代中国特色社会主义思想为指导，以《中国共产党历史》《中国共产党的九十年》等重要文献为基本依据，以党的领导为核心，以老区人民为主体，以老区发展为主线，体现历史进程特征，突出时代发展特色，坚持辩证唯物主义和历史唯物主义相统一、历史真实性与内容可读性相统一的原则，书写革命老区从站起来、富起来到强起来的光辉革命史、不懈奋斗史、辉煌成就史，把老区人民的伟大贡献、伟大创造、伟大成就、伟大精神充分展示出来，形成一部具有厚重历史特征和鲜明时代特色的精品力作。这是一部培根铸魂、守正创新，既为历史立言，又为时代服务，字里行间流淌着红色血脉、催生着革命激情的传世之作。该丛书的编纂出版将成为讴歌党、讴歌人民、讴歌时代、传播红色文化、为革命老区和老区人民树碑立传的重要载体。

该丛书按照编年体与纪事本末体相结合、以编年体为主的编写体例确定框架结构；运用时经事纬、点面结合的方式记述史实；坚持人事结合、以事带人的原则处理人与事的关系；采取夹叙夹议、叙论结合、以叙为主的方法展开内容。该丛书做到了史料与史论、历史与现实、政治与学术统一，文献性、学术性、知识性相兼容。

为编纂好"全国革命老区县发展史丛书"，打造红色文化品牌，中国老区建设促进会认真组织、积极协调，提出政治立场鲜明、史料真实准确、思想论述深刻、历史维度厚重、时代特色突出、编写体例规范、篇目布局合理、审读把关严格、出版制作精良的编纂出版总要求，力求达到革命史籍精品的精神高度、思想深度、知识广度、语言力度，增强该丛书的权威性和社会影响力。各省(区、市)、市(州、盟)、县(市、区、旗)老促会的同志，以强烈的使命感、责任感和紧迫感，勇于担当，积极作为，认真实施，组织由老促会成员、专家学者等参加的十余万人编纂队伍。编纂工作主体责任在县(市、区、旗)，省(区、市)、市(州、盟)组织协调、有力指导、审读把关。各方面人员以高度负责的精神和科学严谨的态度，满腔热情地投入工作，为该丛书编纂出版做出了重要贡献。该丛书编纂工作还得到了党和国家有关部委、地方各级党委政府及有关部门的大力支持和积极参与，社会各界也给予了热情帮助。中共中央政治局原委员、中央军委原副主席、国务委员兼国防部长迟浩田首长，对革命老区建设发展十分关注，对老区人民怀有深厚情感，欣然为"全国革命老区县发展史丛书"作总序。

该丛书由总册和1599部分册(每个革命老区县编纂1部分册)组成，共1600册。鉴于丛书所记述的史实内容多、时间跨度长和编纂时间紧，不妥之处，敬请批评指正。

中国老区建设促进会

目 录

第二编　探索与发展
（1949 年 10 月—1979 年 12 月）

第三编　改革开放与综合实验
（1979 年 12 月—2020 年 12 月）

概　述

平潭是福建东南沿海的一个岛县，由 126 个岛屿和 702 个岩礁组成，素有“千礁百屿”之谓。县域处于北纬 25°15′～25°45′、东经 119°32′～120°10′之间，东濒台湾海峡，西临海坛海峡，与长乐、福清、莆田三市隔海为邻。全县（区）陆域面积 392.93 平方千米，海域总面积 6064 平方千米，海岸线长 408 千米。主岛为海坛岛，面积 324 平方千米，为福建省第一大岛，全国第五大岛。

平潭古称海坛，俗称“海山”，别名“东岚”，简称“岚”。据古代遗址考证，远在大约一万年前就有人类活动，但开发时间迟，建县历史短。1912 年正式获准建县后，除大扁岛于 1956 年划入福清外，无大变化。至 2020 年，总人口约 43.7 万人，以汉族为主，其次为回族、畲族、满族等少数民族，有 4 个少数民族行政村。全县（区）原设 7 镇 8 乡，为了适应改革开放的需要，正在进行行政区划调整。

县域地质构造属于闽东火山断拗带的闽东南沿海变质带；其地貌属木兰溪与龙江丘陵台地平原岛屿区，形成诸多岛屿、岩礁、港湾、澳口，构成千姿百态的海蚀地貌景观，被列为国家级重点旅游风景区，正开辟为国际旅游岛。

平潭属南亚热带湿润型气候区，冬无严寒，夏无酷暑，年均气温 19.5℃，年均降水量 1196.32 毫米。风力资源十分丰富，为国内乃至世界少有的风能最佳区，开发风电得天独厚。

然而，长期以来，受限于自然环境、交通条件，经济及社会事业发展迟缓。特别是在旧年代，灾害频发，生产力低下，百姓生计艰辛，加上各种苛捐杂税，战事不断，阶级矛盾、民族矛盾加剧，促使人们觉醒与抗争。早在 1933 年 8 月，屿头乡民林希干、林学德就在福清参加中国共产党领导的地下革命活动。抗日战争爆发后，进步青年纷纷加入抗日组织，在曾焕乾、周裕藩等带领下，与日伪军展开多次的搏斗，立下不朽战功。在解放战争期间，地下党组织在艰苦恶劣的环境中建立起武装队伍和革命根据地，开展革命斗争，为解放平潭和建立新政权做出积极贡献。在血与火的拼争中，革命老区人民前仆后继、不怕牺牲的精神，谱就了一曲激扬千秋、传唱不息的凯歌！

新中国成立后，海岛人民的聪明才智和创业精神，在新的历史时期中，得到充分展示。特别是在中共十一届三中全会以后，县委、县政府及时将工作重点转移到经济建设上来，充分发挥政策优势，大力开发海岛资源，加大各项基础设施建设，促进海洋捕捞、海洋运输、水产加工、隧道建筑、船舶制造、风力利用等产业快速发展，经济实力有了明显提升。1988 年年初，经国务院批准，平潭列入沿海经济开放区，先后被确定为福建省对外开放综合改革试验区、全国海岛综合开发试点县和国家重点风景名胜区。跨入新世纪后，平潭迎来了新的发展机遇，县委、县政府适时地调整发展思路，以适度发展为原则，制定经济和社会发展的阶段性目标，推动海峡大桥建设，以及一大批重点项目落地生根。处于两岸交流合作的重要前沿，平潭对台交流合作的独特优势得到进一步发挥。

党中央、国务院高度重视平潭开放开发，自 2009 年综合实验区成立之后，赋予平潭一系列优惠政策。2010 年，批复福建平潭综合实验区，平潭开放开发上升为国家战略。2011 年 11 月，国务院批复《平潭综合实验区总体发展规划》。2014 年 11 月 1 日，习近平总书记视察平潭，亲自为平潭擘画了“一岛两窗三区”（一岛即国际旅游岛；两窗即闽台合作的窗口、国家对外开放的窗口；三区即新兴产业区、高端服务区、宜居生活区）的战略宏图。2015 年 4 月，国务院印发《中国（福建）自由贸易试验区总体方案》。为贯彻落实习近平总书记视察平潭的重要指示精神，福建省委省政府出台了《关于进一步加快平潭开放开发的意见》和《支持平潭新一轮开放开发的若干措施》，省人大制定了《平潭综合实验区条例》。2020 年 12 月 26 日，福平铁路开通，标志着平潭发展进入高铁时代。

麒麟福地，日新月异。平潭综合实验区基础设施日臻完善，城乡面貌焕然一新，国际旅游岛建设加快推进，对台合作交流和对外开放力度加大，总部平台、物流贸易、旅游文化康体等新兴产业发展取得突破，生态环境得到保护修复，民生福祉持续得到较大改善，体制机制和自贸创新成果丰硕，开放开发活力增强，社会环境安定稳定，经济社会各项事业蓬勃发展，党的建设全面加强。当年老区人民追求、期盼并为之奋斗的伟大理想，正在平潭开放开发的实践中一步步变为现实。

第一编

烽火征程

（1933 年 8 月—1949 年 9 月）

第一章　抗日战争时期的武装斗争

地处台湾海峡战略要冲的平潭岛，在日本军国主义侵华战争期间，频遭日伪侵犯。在 20 世纪 20 年代，日本军舰、商船经常在平潭牛山岛海域肆意游弋，测量沿岸海水深度，窥探山川形势，进行间谍活动。1928 年 2 月 28 日，日本商轮“锦江丸”途经平潭王爷山东边海面的南带柳礁搁浅。该轮在等待救援时，三艘日军驱逐舰赶到触礁地点后，日寇士兵竟然在东庠岛和王爷山附近村落疯狂屠杀平民百姓，制造惨绝人寰的“二二八”惨案，致死 12 人，重伤 27 人。惨案发生后，举国震惊。虽然国民政府向“国联”提出控告，但强权胜过公理，弱国无外交，死难村民冤沉千古。不了了之的“二二八”惨案，进一步教育了平潭民众，只有奋起抗争，不畏强权，才能浇灭敌寇的嚣张气焰。

自 1939 年 7 月至 1941 年 9 月的两年多时间里，平潭曾六度被日伪占领。全县军民奋起抗击日伪，六度收复失地，成为当时全国坚持英勇抗战的典型地区之一；领导军民御敌守土的县长罗仲若，功不可没。

在抗击日伪的艰难岁月中，中共平潭地下党早期主要领导人周裕藩、曾焕乾及郑模福、徐兴祖等，以家乡流水大富地区为基地，建立“大富民众自卫团”，有效地配合县政府，取得御敌守土一系列战斗的胜利。

第一节　抗战初期的平潭社会

进入20世纪30年代，战争的乌云笼罩在中国上空，经过精心策划和长期准备的日本帝国主义开始对中国发动侵略战争。1931年9月18日，日本关东军占领沈阳，爆发了震惊中外的"九一八"事变。与此同时，日本侵略者也对东南沿海虎视眈眈，福州和周边沿海各县，随时都有沦陷的危险。平潭百姓对三年前的"二二八"惨案，心存余悸，记忆犹新。为强化海疆防务，1927年后，民国政府先后在各地城乡成立保卫乡团，但力量薄弱，多位虚设，只有个别乡有少量武装组织。1933年，鉴于海防形势的需要，县成立保卫团常备中队，下设3个分队。分队长以上干部均由驻省国民革命军第十九路军"干部训练团"毕业学员充任，兵员100人。1934年1月，十九路军"闽变"失败后，常备中队随之解散。

常备中队解散后，为维护社会治安，由县商会牵头，重新组织保卫团，兵员90多人，按部队连排编制，干部由原县保卫团常备干部担任，商会会长陈书丹、张庆矩分别任正副团长。至1934年秋，成立县保安中队，取代县商会保卫团。保安中队编制3个分队，兵员100多人。至1936年1月缩编为2个分队，兵员减为37人。当年，成立县社会军事训练总队(简称社训总队)，县长兼任总队长。社训总队下辖3个区联队，24个联保(乡)各设专职联队附1名，负责壮丁训练，壮丁受训结束，补充到正规部队。

1940年2月，县国民兵团成立，取代社训总队。国民兵团负责国民兵和国民常备兵组训工作。其时，县内地方武装，除国民兵常备队外，仅有县保安队，兵员有限，战斗力不强，面对日伪军的侵扰，往往溃不成军，只好退据福清等地，等待外援。

抗战初期，为防备日伪袭扰，在县政府、区公所院内和驻兵防地均建有碉堡；县城周围各高地均挖简易堑壕，城区居民多在房前屋后构筑简易防空洞。尽管如此，百姓们依旧在担惊受怕中度日。县政府虽多次请求省政府加强平潭的兵力部署，提升县保安队的战力，但收效甚微。

海防形势严峻，百姓度日艰难。风灾、旱灾、疫病时时威胁着岛上民众的生计与生命安全。据有关史料记载：1930 年霍乱流行，县城就有 130 多人染病死亡。1934 年严重干旱，百日内仅降雨 19.2 毫米，全县粮荒，不少农户卖儿卖女。1936 年瘟疫流行，全县患鼠疫、霍乱、伤寒、天花、白喉等疾病 150 多人，死亡数十人。在贫病煎熬中的平潭百姓，依旧承受着苛捐杂税的重压。“三块薯片一碗汤”“粗糠野菜半年粮”等民谚，是当年民众生活的真实写照。

据史料记载：民国时期的税收除了田赋之外，还有渔课、契税、屠宰税、印花税、当税、牙税、烟酒税、盐税、牌照税、关税、营业税、遗产税、土地税等 20 多种。除正税外，县政府为弥补财政缺额，还巧立名目，滥征捐费，诸如：渔捐、船捐、壮丁捐、保甲费、年节劳军费、公警伙食费、国教基金、戡乱基金等等。税务人员面对家徒四壁无力交捐纳税的群众，在无计可施的情况下，端饭锅、抱棉被抵捐税的事，时有所闻。还有一些税捐，税务部门推行包征制度，由承包人认额包收，包捐办税人员便乘机苛索，浮收匿报，中饱私囊，往往激起公愤。1925 年和 1928 年曾两度发生群众绑押包捐办税人员游街示众的抗税斗争。在县长林鹏南主政期间（1931—1933 年），政府当局和包税集团“十人帮”相互勾结，与以高诚学为首的改革派互相敌视，后来，“十人帮”的头面人物陈鹤梅遭到高诚学等人的暗杀。

面对笼罩在战争阴云之下又处处充满着封闭、落后、贫困氛围的故土平潭，以高诚学为首的一批进步青年，试图以农村改革为动力，发动农渔民群众，以打击地方封建势力。陈常琳、林荫、高飞、宋晞等人均满腔热情地深入农村，组织渔农协会，发动群众抵制日货，捣毁鸦片馆，取缔高利贷，游斗不法奸商。他们将农村改革的据点设在东庠岛澳底村，同时组建民团，筹集资金购买枪支弹药、大刀匕首。民团在东庠岛上的一系列活动，引起县政府的高度关注，派出二百多名的武装人员分乘数只帆船，前往镇压。在敌我双方力量太过悬殊的情况下，高诚学等当机立断撤退隐蔽。事后，高诚学便逃离平潭,辗转到达上海。

动荡的时代,落后的社会,艰困的民生,平民百姓找不到出路,看不到希望,为此而萌生变革、突围的想法,是十分自然的事。有压迫有剥削就有反抗,人们就会去寻找新的出路,开拓新的天地。1934 年 8 月,从屿头乡走出的林学德、林希干等人,无疑是平潭最早投入共产党怀抱的第一批革命战士。

第二节　从屿头大练走出的革命战士

屿头乡位于海坛岛西北,距县城中心 24 公里,由屿头岛、鼓屿等 7 个岛屿组成。东北与福清的海口、长乐的松下隔海相望,总面积12.09平方公里。民国元年(1912 年)属屿头区;民国十五年(1926 年)开始,属三区。该乡以渔业为主,兼带农业、副业及海运等。浅海滩涂广阔,宜于牡蛎、花蛤、对虾、紫菜、海带等养殖。从总体情况看,屿头乡自然条件尚好,但在旧年代,特别是社会动荡、百业凋零的 20 世纪二三十年代,乡民们普遍过着食不果腹、衣不蔽体的苦日子。

屿头老红军杰出代表林学德,家住田下村。因家贫,仅靠 2 亩地维持一家 8 口生存,日食难度,不得不在 9 岁时去福清当放牛娃。后回乡读小学,又因贫穷不得不辍学,再次外出打工当学徒。屿头乡类似情况甚多,平民百姓期盼翻身求解放,过一个衣食不愁的日子,但现实总是残酷的,日伪的侵袭,赋税的沉重,官吏的欺压,种种的社会乱象,无不酿造出人们对现实的不满,寻找新生之路、解放之路,就成为必然。1933 年 8 月,林学德 22 岁,经福清早期共产党员林清成介绍,他与同乡林希干一起参加地下革命活动。1934 年 8 月,中共福清县委在角楼开会,决定成立福清中心县委,统一领导福清、长乐、闽侯和永泰等交界地区的工作,黄孝敏任中心县委书记,同时发动群众开展游击活动。至年底,建立起一支三十多人的中国工农红军福清游击大队,刘突军任队长,黄孝敏任政委。1934 年 8

月，林学德与林希干再度联络同乡林学龙、林阿仔、林相、王圣德等人，参加黄孝敏、刘突军在福清建立的工农红军福清游击大队。1935 年 10 月，福清游击大队整编为“工农红军闽中游击支队”，林学德任半脱产的情报组长，林希干任少分队分队长。

抗战爆发后，中共以民族大义为重，提出抗日统一战线，倡议国共两党再次合作，共克时艰。福建各地共产党组织和红军游击队自 1937 年 4 月起，相继同国民党地方军政当局进行合作抗日谈判，终于在年底先后达成国共两党合作抗日协议。根据协议，福建各地红军游击队，改编为国民革命新编第四军下属队伍开赴抗日前线。福清中心县委选送 23 名武装骨干参加新四军军部特务营。1938 年 6 月，林学德随新四军军部特务营，从福州洪山桥开赴皖南前线抗日。林学德任特务营 2 连班长，不久升为排长。

在艰苦卓绝的皖南等地的抗日战场上，平潭屿头走出的 6 位新四军战士，以必死的信念、英勇果敢的精神投身于与敌寇强虏的抗争中。其中，林希干曾任新四军 3 支队 6 团 2 营副连长，林相曾任新四军 3 支队 6 团 2 营 2 连班长，在 1940 年 1 月江苏茶园与日军作战中壮烈牺牲；林阿仔曾任新四军 3 支队 6 团 2 营 2 连给养员，在 1940 年江苏盐田与日寇作战中遭日机轰炸壮烈牺牲；王圣德曾任新四军 3 支队 6 团 2 营 2 连排长，在 1942 年安徽丰塔济与日军作战中壮烈牺牲。三位英烈牺牲时分别为 25 岁、24 岁和 27 岁。

在林学德、林希干参加新四军的同时，苏澳玉屿村（后改称民主村）进步青年吴秉图、吴聿静等为求解放而踏上革命道路。1938 年，他们在福清由闽中地下党党员何日升、陈正顺、何胥陶等介绍参加闽中地下党组织，并按党组织要求，在平潭屿头和长乐一带开展革命活动。

1939 年 11 月，吴秉图受命组织发展一批玉屿村青年，从屿头岛乘船往长乐东洛岛开展地下革命活动，不料，活动情报被国民县政府当局知悉，船在途中即被县保安队截击。吴聿静当场牺牲，吴秉生、吴一阔、吴秉松、吴双顺、张红阿、吴细弟、吴显发、吴一等 8 位被捕。除吴显发、吴一、吴细弟 3 个因亲友讲情获释外，其他 5 位被押解到县城，次日即遭杀害。吴秉图从海上脱险后辗转到达塘屿岛，后吴细弟等人仍不减斗志，找到吴秉图，继续开展地下革命活动。

1940年，吴秉图受上级党组织派遣，混入敌伪组织和平救国军总司令部所管辖的白犬岛、马祖岛、北霜岛等支队司令部进行地下活动。为了增强斗争力量，次年特派吴福安送信给吴聿静，要求再组织家乡青年加入北霜的地下武装组织。不幸的是，当这批青年到达北霜后，即被敌人所察觉，并严密监视吴秉图等人的行动。为保存有生力量，吴秉图决定分批撤离敌巢。除留下吴秉图、吴聿静、吴福安、康章仲4人外，第一批撤离吴秉亮、吴聿杰、吴聿介、吴乌圭等4人；第二批共计18人，包括吴秉图的爱人郑淑贞在内。狡猾的敌人佯作“欢送”模样，而暗中设下陷阱，当船驶到海面时，即遭截杀，18位革命志士当场牺牲。当晚，敌司令部又以请宴为由，引吴秉图上钩，并当场将他捆绑后活埋。此时吴聿静、吴福安亦被关押，除吴聿静获救外，吴福安亦被枪杀。在北霜开展地下活动的爱国青年共计牺牲26位，由于历史原因，他们未被追认为烈士，但家乡的父老仍念念不忘他们所做的贡献。

抗日战争期间，日本侵略军封锁福建海上交通，扶植伪军侵扰沿海岛屿。平潭县孤悬海外，屡遭其害，大练岛受害尤烈。民国二十八年(1939年)，日伪军洗劫渔限村，并打死保长杨宗禄(又名依肯)。血的教训，逼使渔限村群众为了生存，拿起武器保卫家乡与侵略者进行殊死斗争。

民国二十九年(1940年)，保长杨孟增、副保长杨乃敏和杨乃良发动群众购买步枪5支、短枪1支，组织自卫队。同年12月，正式成立，队员21人。平潭县县长罗仲若任杨乃良为队长，杨乃敏、杨乃秉为副队长，并发给步枪10支武装自卫队。

民国三十年(1941年)年初，日伪海匪经常侵扰围东各村，自卫队应群众的要求，杨乃良带领10多名队员秘密到围营村伏击，活抓匪徒4人，缴获步枪1支。首战告捷，狠刹日伪军嚣张气焰。从此，渔限村抗日自卫队威名大震，日伪军再也不敢贸然闯扰大练岛。

渔限村杨乃雨、杨乃雪与长乐南阳村陈亨其有亲戚关系，杨乃雨经常往来于闽中党根据地南阳村，受到闽中党负责人陈亨源革命思想的启发，于1938年化名杨金龙参加闽中游击队，经常回渔限村开展地下革命活动。受其影响，渔限村进步青年杨乃雪、杨乃敏、杨乃良等先后参加革命武装斗争，杨其德、杨宗亨（化名杨其英）、杨乃东（化名杨其雄）、薛由义（化名杨其昌）等参加闽中游击队。

1942年4月，发生“江田事件”，中共闽南特委在长乐因目标暴露遭省保安团“围剿”。特委领导黄国璋、陈亨源等带领闽中游击队近40人，从长乐转战到平潭苏澳钟门下后，率领主要骨干转移到渔限村。“保长”杨孟增得悉后立即把他们安置在村内隐蔽起来。他一面布置自卫队站岗放哨观察各澳口动静，一面派人到苏澳、松下了解情况。

第三天晚上，省保安团获悉闽南特委领导的去向，从福清海口乘船前来渔限村“围剿”。村自卫队在队长杨乃良带领下，对来犯之敌，进行猛烈阻击。敌人见势不妙，天黑亦不敢贸然进村，遂撤回船上。当澳口发生战斗时，杨孟增组织亲信人员护送特委领导等23人转移到后山山洞中，安排杨乃雪、杨依婆两人负责照顾特委领导并传递信息。

天亮后，省保安团进村搜查，无所获，担心再遭伏击，即行撤走。在撤回途中，遭日伪股匪截击，即臆断为中共游击队，故再度折回渔限村，进行报复性搜查，把群众的财物洗劫一空，而后扬长而去。

7天后，杨孟增、杨乃良指派渔限村自卫队员杨国忠、杨红红、杨乃珠、杨乃香、杨金松等5人，借“渔限渡”（船主杨宗昌系解放后曾任渔限村党支部书记杨乃增的父亲），护送闽南特委领导等人前往福清目屿。自卫队员杨国忠护送闽南特委领导到达目屿后，便留在闽南特委领导的游击队转战南北。1945年3月，杨国忠在福清龙田与国民党盐缉队战斗中光荣牺牲（解放后追认为革命烈士），其妻陈玉英（又名陈金宋）怀着为夫报仇的决心参加闽中游击队，拿起武器继续战斗。

第三节　刘伯华领导下的“少年团”

刘伯华原名刘文田，生于1914年4月，四川彭山县人。少年时，聪明好学，天资颖慧。读完小学、初中后，考入四川东方美术专科学校。美专毕业后，先后在彭山、重庆任教。不久，应国民政府军事委员别动总队的招聘，前去报考。考取后受训，才得知别动队无意抗日救国，而是研究对付共产党，乃愤然逃跑。为此，曾遭通缉，遂改名伯华躲回老家。

机缘巧合之下，刘伯华来到平潭。时任平潭教育科长的来文华，与他关系密切，是他在重庆小学任教时的同事。来文华得知刘的处境后，极力说服他来平潭任教。几经思考，刘伯华决定离开四川老家，远赴海坛，就任潭城中心小学教导主任，不久改任校长。

到任后的刘伯华，正逢抗战全面爆发。为协助当地政府抗击敌伪，他将高年级学生组织起来，成立“少年团”，实行军训，学习战地救护知识。他的行动受到县长罗仲若的赞赏，成为政府抗日宣传和维护社会治安的好帮手，并被公推为抗敌后援会总干事。据当年在校任教的曾焕魁先生回忆：1937年8月，刘伯华任平潭潭城中心小学教导主任，他是一个较有军事素养的教育工作者，他将年岁稍长的学生，组成“少年团”，像军队训练新兵那样来训练学生。开始时，用木枪训练，后来有了步枪（共有62支），就用步枪练习瞄准、射击，经过一段时间的训练，俨然成为一支能派上用场的队伍。参加“少年团”的学生，后来大多数成为地下党的骨干分子或抗日战场上的英勇战士，如吴秉熙、念克谦、林正光、林中长、施修莪、施修骏、张超、洪通今、郑杰、曹于芳、林祖耀、林维梁、欧秉发等皆为当时“少年团”成员。

潭城中心小学在刘伯华领导下迅速成为平潭抗日救亡的中心。为推动城乡抗日宣传活动，他经常带领学生在街头、乡间演出，曾鼓励王开诚（后任国民党平潭党支部书记）写出抗日话剧，组织学生排演、演出。

1939年上半年，日伪军活动猖獗，日机、日舰经常袭扰平潭，学校时常停课。刘伯华从“少年团”中抽调学生骨干成立战斗队，协助军警加强巡逻。6月29日22时左右，刘伯华在县政府开完紧急军事会议返校途中，被预先埋伏的叛军截杀，中弹身亡，年仅25岁。学生们听到枪声立刻赶往出事地点，发现校长遇害，悲愤交加。县长罗仲若得悉噩耗后，立即查办凶手，绳之以法。原来，杀害刘伯华的人来自福清驻平潭自卫队，该自卫队原系土匪改编，为日伪所收买，投敌变节，令一位抗日爱国的热血青年，在毫无防备的情况下，躺倒在血泊之中！

刘伯华死后第六天，平潭即陷于日伪之手，他的棺柩暂厝东坑。延至解放后，暂厝东坑的棺柩早已腐烂，学生们只好收集其遗骨装进丁瓮里，放置于原地。1994年3月，时任县委书记的刘嘉静着手组织陵园筹建委员会，开始陵园的修建工程。1996年11月3日，召开追悼大会，同时举行遗骸迁葬仪式。据刘伯华之女刘行建介绍，父亲来到平潭后，曾给四川老家寄过一封家书，信中说：“我不能把一生就做了家庭的牛马，社会上还有千万的吃不饱的大众，我应该把精力贡献在解放大众的工作上。”刘伯华正是用自己的行动，践行着神圣的诺言。而他所教导出的不少学生，一走出校门，使纷纷走向抗击日伪的战场，在浴血的战斗中展现各自的风采。

第四节　曾焕乾、周裕藩领导下的抗日活动

以周裕藩、曾焕乾、林慕曾、徐兴祖等为骨干的平潭早期地下党组织的共产党员，早在1938年9月就在流水盘团小学举办农渔民政治夜校，组织文艺宣传队，宣传抗日救国，开展救亡运动。1940年年初，曾焕乾、周裕藩等人在大扁岛、福清硋窑组织的以学生为主的抗日游击队，成为平潭地下党领导下的第一支抗日武装队伍。1941年夏，奉闽南特委指示，周、曾等人在流水大富地区建立“大富

民众自卫团”,自卫团最多时发展到 4 个营 700 多人。其时,日伪“和平救国军”张逸舟、郑德民部在日本海、空军的掩护下,再次攻陷平潭,成立“维新政府”,国民党县政府无力拒敌,退守福清龙田、东张。

面对日伪强敌占领,平潭第六次沦陷,以周裕藩为总负责人的“大富民众自卫团”,获悉日伪军副总司令郑德民部大队长郑祯道率部在东庠海面抢劫东尾村“宜源号”商船,自卫团决定由团长郑模福、副团长徐兴祖率领 60 多名团员,伪装成渔民,分乘 6 艘渔船,出海围歼敌船。当渔船接近敌船时,团员们奋勇跳上敌船,当场击毙大队长郑祯道,逼令 4 名日伪军投降。战斗很快结束,并缴获短枪 5 支。

下午返航时,周裕藩得知日伪军郑德民部中队长王代民已到南井村老家,当即决定直捣王代民及设在他家的日伪军中队部。此时,20 多名日伪军正与王代民共进午餐,饮酒狂欢,毫无防备。自卫团员荷枪冲进队部,日伪军纷纷举手投降,而企图负隅反抗的王代民,当即被自卫团员所击毙。战斗迅速结束,共俘敌 21 人,缴获长短枪 18 支、子弹千余发。日伪军中队除秘书一个外出未归外,被一网打尽。“大富民众自卫团”一天之内两战皆捷,端掉了伪政权设在大富地区的据点,威慑敌人,震动县内外,全县百姓莫不拍手称快。在平潭第六次光复后的 9 月下旬,周裕藩、曾焕乾等在盘团村海滩召开声势浩大的“中秋游灯暨表彰大会”,给作战有功和支援自卫团的模范人员颁奖,千人提灯游行。同时。提灯游行,场面壮观,震撼全县城乡,极大地激励热血青年,投身于抗日救国洪流之中。林慕曾、李增喜、王韬、林宗增、陈昌荫等十几位有志于抗日反顽的青年,就是当时加入自卫团的。会后,周裕藩率团内骨干人员,携带武器转移到长乐江田闽南特委据点,编入游击队伍。

1941 年 4 月福州沦陷后,省委和闽南特委发出组织开展抗日游击战争、建立抗日据点的指示,在沿海被占岛屿,广泛发动群众武装抗击日寇。周裕藩在福清松潭传达上级指示精神,决定利用三青团战地服务队名义,在福清松潭、倪埔、海口建立抗日武装。次年 9

月，他又以“大富民众自卫团”为基础，与曾焕乾、徐兴祖在长乐建立“闽中沿海突击队”，他任政委，林慕曾为队长，王韬为副队长。闽中沿海突击队在平潭苏澳海面与国民党平潭县自卫队遭遇；在长乐东洛海面与日伪军郑德民部遭遇；在莆田湄洲海面与国民党武装船遭遇，三战皆捷，声威大振。随后，沿海突击队成员发展到100多人，有长短枪70多支。

1942年年底，在日寇占领福州及沿海地区后，党中央、省委发出指示，要求在沿海被占岛屿发动群众开展武装抗日，采取秘密的或公开活动的方式，组织伪军及伪保安队倒戈、哗变。闽中沿海突击队按照闽中司令部指示，利用统战关系为掩护，在莆田乌丘岛建立根据地。在林慕曾直接指挥下，击退国民党省保安队和莆田自卫队的多次进攻。同时利用日伪军的内部矛盾，组织伪军哗变，借以巩固乌丘根据地。

1943年8月，周裕藩担任中共福长平特区书记，以福清海口、平潭大富、长乐壶井为中心建立据点，开展抗日游击战争和革命活动。他在福清松潭及周边乡镇先后创办5所农民夜校，发展党员，建立地下联络点。1944年10月，周裕藩、林慕曾集中原闽中沿海突击队员，并吸收福、长、平一批革命青年，在长乐壶井建立“闽江下游抗日游击队”。后又与平潭籍国民党爱国军官、海军少校参谋陈魁梧合作建立100多人的鼓山抗日游击队，周裕藩任队长兼政委，陈魁梧任指挥官。鼓山抗日游击队经常活动在闽江下游，截击日伪爪牙、汉奸等资敌船只。当年11月，截击一艘替日军运粮的货船，击杀随船日兵1人，枪决资敌汉奸1人，将缴获的粮食运回鼓山据点。后鼓山据点遭日寇破坏，8名游击队员被抓，其中7人在福州码头惨遭杀害。当年12月，周裕藩奉命恢复沿海突击队，他与林慕曾带领10多名突击队员开赴长乐东洛岛开展抗日反顽的武装斗争。与此同时，周裕藩、曾焕乾、徐兴祖联合8名地下党员和进步人士，上书福建省国民政府主席刘建绪，状告平潭县县长林荫借抗日之名，勒索枪款、运粮资日、杀害抗日志士和共产党人，并在县内外广为散发《控告信》，有力地打击了国民党顽固派的消极抗日、积极反共的嚣张气焰。为此，招致国民党当局把他们3人列入黑名单，悬赏抓捕。

1945年1月31日，平潭国民党县长林荫得到周裕藩等人在长乐东洛岛活动的密报后，派出两个分队的自卫队，分乘两条船前往“围剿”。县自卫队被突击队和驻岛武工队打败，分队长及10多名士兵被俘，一批武器弹药被缴获。战斗结束后，由武工队员将俘虏的队长及缴获的武器弹药押送至闽中特委驻地交闽中司令部，对留下的10多名俘虏集中进行教育，等待过往船只遣返平潭。据后来在“东洛岛事件”中幸存的周述鎏回忆：次日上午，周裕藩、林慕曾步上山头瞭望海面看有否平潭船只来往时，由渔霸与俘虏相互勾结的夺枪暴乱发生了。情急之下，周、林仓促拔枪，但子弹来不及上膛，只好徒手与暴徒搏斗。由于寡不敌众，周裕藩被五六个暴徒用石头、板凳砸昏后枪杀，当场牺牲，其他人也相继被捕。其中，林慕曾、李增喜、冯乾生3名共产党员，三天后走向刑场，英勇就义。

周裕藩忠诚于革命、勇敢抗日反顽的光辉事迹，已载入福建党史，其传记也已编入抗日战争时期的《福建省革命烈士传》。1950年3月，一份以中华人民共和国中央人民政府名义，并有毛泽东主席署名的，写有“永垂不朽”的光荣纪念证书送达平潭县流水盘团村。不久，经福建省委、省政府批准，把烈士故乡改称为裕藩乡(村)，并一直沿用至今。

抗日战争时期，在国共合作抗日政策的感召下，中共地下党组织积极动员民众参与抗日反顽的斗争，革命老区群众和地下党员在腥风血雨中顽强抵抗，使平潭成为全国及闽海地区坚持英勇抗战的典型地区之一。如：1939年7月至1941年9月，平潭曾六度失守又六度光复，不少热血青年紧跟县长罗仲若，出没于枪林弹雨中。再如，1943年10月7日海上突袭日军“多多良丸”运输船；1944年12月31日苏澳聚歼日军“纪宝丸”运输舰；1945年2月3日长江澳焚烧日舰“胜浦丸”；1945年3月7日东尾围歼日寇，俘获3艘日轮的重大胜利；1945年4月16日奇袭牛山岛等，虽然是国民政府县长林荫的直接部署或率队参与，但赫赫战绩离不开平潭自动参战的爱国进步青年的贡献。在“东尾歼日”中，中共地下党员洪通令趁县里抽调自卫队参加战斗时机，召开后备队地下党员、进步青年会议，安排陈书琴等16名进步青年加入后备队，志愿参战。在东尾围歼日寇的关键时刻，陈孝仁、陈书琴（后均为中共党员、烈士）等自告奋勇承担重任。战斗结束后，林荫获国民党中央军委颁给的“华胄荣誉奖章”，林正乾获传令嘉奖。而作战英勇的陈孝仁、陈书琴等却榜上无名。对村民支前、参战有功的同样一字未提，只给陈嫩嫩妹（毙敌多名）奖大米80公斤和现金2000元。

第二章　解放战争时期的游击斗争

第一节　平潭游击根据地的开辟

1945年夏，日本侵略者在华战场节节失利，败局已定。随着日寇从福州、福清、长乐等地撤退，沿海日伪军逐步被收编在福建的国民政府、军队中，执行蒋介石既定方针，大举进攻共产党领导下的游击区，追捕抗日游击队和同情支持游击活动的仁人志士。平潭县县长林荫一方面大力消除日伪军外患，一方面又将矛头对准游击队，企图通过翦灭游击队后，把平潭变成他幻想中的“治安模范县”。他要求各乡镇公所、各保甲长，密切注视中共游击队的活动情况。

由于斗争形势的变化，中共福建省委指示各地游击队注意反动势力的动向，“化整为零，隐蔽精干”。为避敌锋芒，闽中抗日游击队负责人何胥陶、刘家煌带领40余名游击队员，分乘3艘船转移到苏澳隐蔽休整，由随行的大练自卫队杨乃宇、杨基德与当地的地下党组织取得联系，提供给养和情报。不料，在苏澳休整10余天后，遭到林荫部队的袭击，其手下的林正乾中队迅速包围了何、刘的住处，除个别队员去大练办事外，全部被捕。不久，被移送到福清的何胥陶、刘家煌等11人被杀，关押在平潭的杨基德等人，通过内线工作，给林荫施压，迫其撤销活埋的指令，使杨基德等人死里逃生。

“苏澳事件”的发生，进一步暴露了林荫的反动本性。他认为，日寇败局已定，曾与闽中司令部有过的合作抗日协议，不过成了废纸一张。他正好借势使力，卷土重来，在对付中共地下组织方面，开创他的一番“伟业”。面对新的斗争形势，中共闽中特委奉命转移，关闭各地交通联络站。设在壶井的联络站负责人徐兴祖找到曾焕乾，商议下阶段工作，并及时召开突击队骨干会，会议决定：集结的突击队暂作分散隐蔽，等待命令；大富地区党组织要保持联络，委任徐兴祖为支部书记，徐不在时由欧秉发代理。为解决经费问题，曾焕乾把开发台湾商贸作为筹集活动经费的来源。当年10月，派地下党员王韬赴台，在台北筹建“福兴商行”。12月，再派徐兴祖前往台湾，借以扩大台湾业务，待商址选定后择日开业，定名“台湾震球商行”，高飞任经理，徐兴祖任副经理兼党小组组长。自1945年12月到1947年9月商行关闭，近两年的时间，商行为闽江工委、城工部提供相当可观的经费来源。

1945年8月，福建省委鉴于斗争形势的变化，在福州郊区召开会议，决定成立中共福建省委闽江工作委员会，由庄征任书记，下设学生工作委员会，书记曾焕乾，以协和大学等大中学校为工作重点。福州许多高中、大专院校，几乎都有平潭籍学生。当年11月，曾焕乾便以协大平潭籍学生为骨干，发起组织“平潭旅外同学奔涛学术研究会”，同时派遣吴秉瑜及3位在榕读书的同学回平潭，以“平潭旅外同学奔涛学术研究会”的名义，向平潭县县长林荫募捐。吴秉瑜针对林荫妄想笼络人心、抬高自己的心理，说服林荫捐出8万元巨款，上缴给闽江工委作为活动经费外，还在福州投资开设一家书店，为地下党员和进步青年提供阅读方便。

1946年2月，继协大成立党支部之后，黄花岗中学也成立党支部，并在多所学校发展党员，建立组织。同时，在平潭建立紫电党小组，后改为支部。当年9月，在平潭成立“海上突击队”，以陈书琴为队长，洪通今为政委，拥有机枪1挺，长短枪10多支，手榴弹1箱。当年10月，闽江工委任命吴秉瑜为平潭工委书记，以加强武装革命的领导。曾焕乾给吴秉瑜的任务是：了解当时林荫的军事实力和兵力部署，各派之间的关系和矛盾情况；采取“打进去”“拉出来”的办法，在敌人内部埋“地雷”，争取在警察局任职的陈徽梅加入党组织；在平潭组建革命武装队伍，建立革命据点。吴秉瑜欣然受命，建议从群众基础好的三区（今苏澳、平原、白青 3 个乡镇）入手建立革命据点。

吴秉瑜返回平潭，花费了 3 个多月的时间，积极完成曾焕乾所下达的各项任务，工作成效卓著。他以老家所在地玉屿村（今民主村）为立脚点，通过摸底联络、宣传教育，很快成立了玉屿党支部，再由支部成员，去做青壮年村民的工作，使他们进一步提高政治觉悟，为玉屿村成为铜墙铁壁般的可靠革命根据地，奠定了坚实基础。至此，平潭县工委组织得到进一步的完善，具体情况是：县工委书记吴秉瑜，委员林中长、林维梁，下辖紫电队党支部，书记陈书琴，党员念克谦、陈孝仁、杨建福、林祖耀等，合计 5 名；玉屿村党支部，书记吴聿静，党员吴秉汉（组织委员）、吴吉祥（宣传委员）、吴聿杰（武装委员）等 12 名；大富党支部，有党员欧秉发、魏思达、徐凤祥、周廷煌、陈恭福等 14 名；岚华学生党支部，负责人郑熙钰、张锡九，有党员 15 名；潭南党小组，组长林中长（兼），有党员 4 名；教师党小组，组长李登熙，有党员 4 名；林达仁党小组，组长林达仁，有党员 12 名；单线联系的党员有林维梁、陈徽梅、周祖杰、陈书坊、吴翊翔等 5 名。全县合计有 4 个党支部，3 个独立党小组，70 名党员。在外工作的平潭籍党员不计在内。

至于建立武装队伍一事，吴秉瑜亦做了大量工作，在玉屿村组建了一支游击大队，大队长吴聿静，政委吴秉瑜（兼），副大队长吴聿杰、吴吉祥，政治处处长吴秉汉，队员人数不多。为壮大革命武装队伍，开辟稳固的革命根据地，曾焕乾随后在福清东张灵石山据点成立福长平工委，以策应平潭的暴动工作，他以城工部地下军副司令兼闽海纵队司令、政委的身份向吴秉瑜传达上级的决定，任命吴秉瑜为福长平工委副书记兼平潭县委书记，并要求立即返回平潭，做好武装暴动的准备工作。

1947 年 1 月中旬，吴秉瑜从福州赶回平潭。一是壮大以玉屿村支部党员为骨干的“平潭革命游击队”，分别在土库、看澳、康安、下鹤厝、芹山边、斗门底等村庄发展新队员，从原有 40 多名，扩至 200 多名，编为 3 个中队 9 个分队；同时收集、购置一批枪支弹药，并请吴红红、吴秉信等能工巧匠打制了 50 多把大刀、30 多杆长矛和一批土地雷、土手榴弹。二是壮大以紫电队为基础的“平潭人民海上游击队”，在队长陈书琴、政委洪通今的领导下，经过整顿，拥有队员 30 多人。此外，林中长在大福地区也发展一批党员，拉起 20 多人的武装队伍。三是着力于敌人内部的策反工作。主要针对林荫辖下的卫队、县自卫队、警察局等，利用各种社会关系，做细致的思想工作，达到动摇军心、为我所用的目的。为策应平潭的武装暴动，曾焕乾先后派林正光、施修莪到福清龙田高山一带活动，建立龙高工委，组建一百多人的武装队伍。

至年底，平潭革命根据地已拥有一定的规模与实力。以玉屿、看澳、土库为中心，向周边自然村不断拓展，连成一片，和以伯塘为中心向南扩张，形成南北呼应，互为犄角。要建立连片的根据地，还必须破解宗族、姓氏、村庄之间的历史隔阂和历史恩怨，缓解世代旧怨，达到和谐一致、共同对敌的目的，为此，游击队的主要负责人主动登门做思想工作，终于使吴、高，高、林姓氏之间的隔阂得以化解，使根据地的建设得以顺利进行。

第二节　与国民党反动政权的浴血斗争

1947 年上半年，国共两党斗争的态势发生了根本性的变化，中国人民解放军由战略防御转入战略进攻，以主力一部强渡黄河，向大别山进军，粉碎了敌人的重点进攻，揭开了人民解放军战略进攻的序幕。这一形势变化，极大地鼓舞了地下斗争的领导者和同志们。而县长林荫却处心积虑地为谋取“国民代表”而打着他的政治算盘。他一方面鼓吹要建立“治安模范县”，让来平潭经商者感到绝对安全，另一方面却暗中指使爪牙们紧盯中共地下党的活动，以免有失职之过而丢了乌纱帽。可是，就在他的眼皮底下，连续发生了“劫枪”“劫药”“劫粮”等一连串事件，让他心急如焚，火冒三丈。而“码头劫案”的发生，影响甚大。

具体情况是这样的：在曾焕乾亲自策划下，“暴动计划”一步步顺利推进。意外的是，海上游击队的紫电一号船由泉州返航，至长乐松下海面，遇狂风沉没，5 名队员罹难，隐藏在船上的一批武器也沉入大海。此一事故的发生，严重影响到暴动计划的实施。正当此时，国民党涵江党办服务社一艘商船停泊码头，陈书琴见机会难得，动起夺枪的念头。在尚未得到曾焕乾明确指示的情况下，陈书琴、林祖耀等 6 人伪装成县自卫队员上船检查。不料，陈书琴上船后，发现船老板还未到船，枪、款均无踪影，又不知船老板何时回船，怕夜长梦多，便顺手取了一袋子钱后撤退。船老板回船得知情况后，大为恼火，便向林荫告状遭抢一事。林荫震怒之下，先是撤了自卫队长游世杰的职务，接着又将事务长洪通华、分队长杨建福和卫队陈孝仁、高名祥等人，予以免职、贬职、调离。林荫由“码头事件”的发生，意识到中共地下党组织的存在，在加强警戒的同时，积极清查内部，抓捕可疑分子。事件发生后，曾焕乾批评了此举的严重错误，决定暂停武装暴动，让骨干人员尽速转入地下隐蔽起来。遵照曾焕乾的指令，中共福长平中心县委的驻地东张灵石山据点立即转移，各联络点也随之关闭。由于中共福清县委书记陈振华的叛变，保安队重兵搜查灵石山，烧了地下军指挥所住所。而中共平潭工委书记吴秉瑜，在接到隐蔽命令后，正打算悄悄离开平潭，却被警察局秘密逮捕，与林光福一同被押上哨船准备填海处死。所幸当晚狂风骤雨，哨船班长游天聚不敢冒着大风浪出海，计划次日再处。凑巧，林维梁的货船与哨船邻近，游天聚与林维梁又有亲戚关系，趁吃饭机会，林维梁上了哨船，见到吴秉瑜。吴秉瑜示意去找警察局内线林徽梅救援。林维梁离船后，于当晚赶往玉屿村报信。次日吴自寿带着村里乡绅和村民几十人来到县城向林荫请愿，要求立即释放吴秉瑜。岚华中学部分学生也加入请愿的队伍。林荫本想秘密处死吴秉瑜，却未料弄得满城风雨，引发旅外学生、教界人士的愤怒与谴责。在吴自寿等一些在政界有影响的人士的积极斡旋下，林荫迫于压力不得不答应释放吴秉瑜。

在“码头事件”之后，林荫又因接连发生的“劫药”“劫粮”两案，愈加气急败坏。他一方面联手福清保安队，“围剿”中共平潭指挥部；另一方面派出秘书林杰，密赴台湾，请求台湾省政府，协助抓捕经营震球商行的平潭籍中共地下党员。

震球商行于1946年5月创办于台湾省基隆市，高飞为经理，徐兴祖为副经理。1947年5月，城工部闽江工委在台湾建立第一个党支部，徐兴祖担任副书记。时值解放战争时期，中共福建省委在组织不断发展扩大后，遇到最大困难是经费支撑。徐兴祖获悉后，与其他商行领导议定，以革命大局为重，凑足黄金30两、白糖7000斤、自行车15辆，交给中共闽江工委负责人带回福州。当年8月，林荫爪牙林杰秘密潜入台湾后，即向台北警察局提供密报材料，要求警察局核查户口，并亲自出入台北、基隆、淡水等地探查，终于发现王诚、陈孝仁的行踪。王诚被捕后，翁绳金、张纬荣顿感事态的严重，当即通知徐兴祖、郑杰，召集高飞、王韬等人，就商行事务及人员撤离等事项作出紧急安排。按照分批分期撤离原则，翁绳金、徐兴祖、高飞、王韬等先后按原计划撤回大陆。基隆宪兵、警察包抄震球商行，一无所获，只有周裕芬因外出办事未归无法接到撤离通知而被拘捕。

1947年12月，翁绳金、张纬荣、徐兴祖、高飞等人，从台湾撤回后聚集于福州，等待组织上重新安排工作。此前，中共闽浙赣省委在福州高湖村开会，任命曾焕乾为闽北地委常委兼城工部部长，所属福州地区城工部组织由林白（闽侯人）管辖。同时决定成立直属省委的闽（清）、古（田）、林（森）、罗（源）、连（江）五县中心县委，当年12月，在连江东岭杞坑村宣布正式成立，林白任书记，林克俊、郑云耕、徐兴祖、郑杰、翁绳金为委员。下设闽清工委，郑云耕任书记；东岭工委，郑杰任书记；连江县委，翁绳金任书记，翁强吾为副书记；闽（清）、连（江）、罗（源）边区工委，徐兴祖任书记，林逸森任副书记。平潭地下党工作由曾焕乾改为林白统一领导。1948年1月，徐兴祖、郑杰、林逸森到职后，在中心县委领导下，即在连江的小梅洋、牛项村，组织千人农民武装队伍，在30多个村同时举行暴动，打土豪、分粮食，其声威影响到以东岭为中心的方圆百余里的游击区。尽管反动政权进行所谓“全面清剿”，但在东岭、大小北岭和连江边境十余次交锋中，中心县委主力游击队在队长徐兴祖的指挥下，仍大获全胜，毙敌数十人，缴获长短枪30余支。

1948年9月，国民党福建省保安4团再次进剿连江小北游击区，徐兴祖带病率队迎敌，队伍中有平潭籍战士吴家渔、高宝员、高名乾、吴章余等十余人。在受敌重重包围、形势危急的情况下，队员们趁夜色跃下悬崖，冲出包围圈，一人牺牲，一人重伤。

为了在东岭重整旗鼓，组建80多人武装的东岭游击队，徐兴祖任游击队长兼政委。经过9个月的努力，以徐兴祖为首的连罗边区工委，先后恢复重建了包括平潭大富地区在内的7个党支部，党员250余人，游击队员150人，枪支100余支。1949年6月，东岭游击队对马尾亭江水上警察所发起攻击，毙敌近百名，俘虏敌团长、艇长等100余名，缴获枪支200多支，毁敌艇2艘，取得边区工委游击史上一次最大胜利。

在此期间，尽管以林荫为代表的国民党反动政权处心积虑地打击、“围剿”正在崛起的地下游击队活动，但始终没能浇熄正在燃烧的革命烈火。徐兴祖领导下的中共闽连罗边区工委和游击队，郑杰等领导下的中共东岭工委和游击队，翁绳金、翁强吾等领导下的中共连江县委和连罗游击总队，林中长领导下的闽北城市临时工委和游击队，高飞、张纬荣领导下的平潭游击队，他们均在开展对敌斗争的同时，得以发展壮大。在此期间，林荫及其一伙，始终没有放弃扼杀地下党和游击队的企图。1948年2月，林荫派军警往潭西抓捕地下党员，吴聿静得到陈徽梅的报讯，连夜派人通知紧急转移，使林荫扑了一空。7月，林荫再次派出保安队企图进剿看澳据点，高飞、吴兆英立即带看澳武工队员紧急转移到土库村，避免了重大损失。8月，林荫妄图集中兵力“围剿”游击区，张纬荣审时度势，为保存实力，指示将武工队人员撤至福州暂避，又一次让林荫的图谋落空。

第三节　“城工部事件”的消极影响

城工部是中共闽浙赣区党委城市工作部的简称，其前身是中共闽江工委，工作对象是城市学生、中上层人士。前后在庄征、李铁部长领导下，队伍发展很快，有党员三千多名，游击队员四千多名。1947年8月，城工部一负责干部因筹款违反秘密工作原则，致使城工部副部长孟起被捕，区党委怀疑是被城工部的庄征出卖，在未做调查研究的情况下，将庄征扣留审问，并以“内奸”罪名予以杀害。至年底，各地相继发生几起党组织遭到破坏的事件，特别是中共闽浙赣区党委常委、军事部长兼闽东地委书记阮英平被歹徒谋财杀害的事件，在真相未明之时，无端怀疑是城工部部长李铁及城工部组织所为，遂于1948年春将李铁判处死刑。

更令人愤慨的是，将阮英平失踪一事直接归罪于担任阮英平警卫工作的陈书琴。尽管陈书琴就阮英平失踪一事反复做了详尽的解释，依然没能躲过酷刑，直至惨死在自己所崇拜的省委领导之手。时任省委书记的曾镜冰，要求闽浙赣省委所属的其他各级党组织都要与城工部组织和党员割断联系，指责城工部是“红旗特务组织”，同时认定曾焕乾是李铁的忠实门徒，是李铁直接发展和领导的得力干将。为此，责令闽北地委书记王文波对曾焕乾下手。

王文波与曾焕乾相处不到半年，但对曾焕乾的为人品德、工作能力、一贯作风留有深刻印象。他不相信曾焕乾是叛徒、特务，奉劝曾“走为上策”，逃离此地，绕道北上，向中央或华东局诉说原委，或许可以得救。然而，曾焕乾没有接受王文波的建议，他认为自己是清白的，自己若是逃走，反而会牵连到其他同志，希望省委领导能清醒过来，敢于纠正错误，不做这种亲者痛仇者快的事。曾焕乾见王文波没有放弃执行上级命令的想法，便从身上掏出几块银圆和两枚金戒指，作为最后一次上缴的党费，遂走上刑场。

但曾焕乾的冤死并没有警醒省委、地委去纠正错误，许多城工部成员，或被枪决，或被活埋，其中平潭籍的城工部党员有11人，他们是曾焕乾、陈书琴、洪通今、杨尊文、陈宜福、陈孝仁、杨清琪、曹于芳、林位恩、刘子辉、林斌等。1948年4月至6月间，全省被错杀的城工部党员有120多人，闽北、闽东、闽中最为惨烈。

“城工部事件”的发生，给平潭地下党组织造成巨大创伤。基层党组织活动一时处于低落停顿状态，加上外部敌人的“围剿”、搜捕，一时间党内思想混乱，无所适从。林白在主持中心县委魁岐会议后，率机关人员和游击队主力转移到连江沿海安顿，得知城工部被省委定为“特务组织”后，下令所有下属人员分散隐蔽，停止活动。此时，作为福清、平潭联络员和平潭游击大队政委的张纬荣，感到问题的严重性，他一方面指示福清城工部按闽中特委要求，暂时停止活动，分散隐蔽；一方面指示高飞、吴兆英，严守独立自主，不得遣散游击队武装。闽中党领导为抓捕城工部成员，瓦解平潭游击队，派出林斌到平潭，企图说服高飞、吴兆英将游击队带往长乐进行“整编”。林斌明知此行肯定无果，但又不得不执行。陈亨源副司令听了林斌的汇报后，得知平潭游击队决心不改，无可奈何，下令把林斌处死于长乐首祉溪沙埔。

1949年4月，中国人民解放军在取得辽沈、淮海和平津三大战役伟大胜利之后，即将渡江南下，蒋家王朝已众叛亲离，摇摇欲坠。福建省内的国民党军政要员，也在惶惶不安中各打各的小算盘。此时，中共中央也指示福建省委：“城工部即使有问题，广大学生还是向往革命的，滥杀者会犯错的。”可是，闽中党领导对平潭城工部怀有偏见，坚持其错误政策，非要除掉张纬荣不可，遂于4月中旬责令徐兴祖回转平潭，务必要抓捕张纬荣。听说派徐兴祖来抓张纬荣，平潭游击支队上下一致表示愤慨，坚决不执行闽中党的命令。为争取闽中党对平潭游击支队的谅解，根据徐兴祖的建议，在“一拒、二拖、三防”的同时，及时派人去找闽中党领导做说服解释的工作，让平潭游击支队的想法得到上级的理解。为此，支队召开紧急会议，决定派副支队长吴兆英和高名山前往福清梁厝拜访闽中党领导。到达目的地后，陈志忠代表闽中司令部接见了他们。吴兆英得知林斌同志已被错杀，但仍初衷不改，并十分诚恳地说出此行的目的，恳请领导能听得进忠言，还张纬荣同志一个清白，撤销抓捕命令，好让平潭游击支队得到生存与发展。陈志忠当场听完吴兆英的诉求没有表态。第三天，陈志忠带来陈亨源的手令："限农历四月初十日(即公历5月7日)之内，消灭林荫反动武装部分或全部。"陈亨源的手令，无疑是给平潭游击支队一个下马威，是以表面上"考验"的办法，来逼使平潭游击支队就范，既"考验"平潭游击支队是否忠诚，又可达到擒拿张纬荣的目的。

第四节　解放县城与红色政权的建立

吴兆英、高名山二人有惊无险地回到玉屿支队部，向高飞、张纬荣、徐兴祖、吴秉熙等领导汇报了与闽中司令部陈志忠会谈的情况，传达了陈亨源的"手令"。面对难题，各位领导态度不一。疑惑、不解、愤慨、泄气，沉闷的空气充斥着会场。会议最终达成了如期攻打县城的一致决定。徐兴祖自告奋勇到连江东岭搬兵，他以闽、连、罗边区工委书记身份召开扩大会，抽调9名有战斗经验的游击队员支援平潭，并从时任连江县委书记翁绳金处，要到5支短枪48发子弹。为加强武装力量，高飞指派阮邦恩、吴章灼前往大富地区探底，又派出高名山等15人来到大富，提取长短枪25支，以及部分子弹、手榴弹。与此同时，根据地革命群众，以修炮楼、挖沟壕，打制大刀、地雷等实际行动，响应支队部的号召，做好战斗准备。

1949年5月1日，高飞、吴秉熙率部分游击队员突袭江楼村林荫小舅子高尚民的老家，搜缴长短枪数支，并扬言要抄林荫的老家。林荫得悉情况后，一方面要求县长郑叔平(1947年7月接任)、警察局长游澄清提高警惕，加强防备；另一方面亲率几十名卫队回老家官井村固守。林荫此举，恰恰中了游击支队的"调虎离山"计，为游击支队攻打县城扫除一大障碍。

为掌控敌情，做好内线工作，张纬荣通过城关地下党员林祖耀、陈国仁等人，密切监视敌情变化，掌握敌方的兵力部署情况，指示潜伏在自卫队和警察局的杨建福、林徽梅，予以适时配合。出乎意外的是，张纬荣在返回玉屿途中，因脚受伤出血，行动不便，不幸被尾追的敌人抓捕，关押在林荫住处“荫园”枪楼里。张纬荣被捕的消息传到玉屿后，高飞立即召开支队会研究对策，决定提前两天于5月5日攻打县城，以便尽快营救出张纬荣。

攻打县城，依照既定的方案进行。经抽选，参战队员117名，拥有长短枪60多支，冲锋枪1支。40名队员组成敢死队，每人加背一把大刀，由支队长高飞，副支队长吴兆英、吴秉熙带领，由施修骏领路，乘着午夜暮色，沿着海滩由玉屿向县城进发。留下300余人为二梯队，待天亮水涨时，乘船赶赴城关支援。

县城拥有林荫的主要武装力量。攻打县城的重点是拿下中正堂（现岚城影院所在地），那里住有县自卫队、接兵连和盐兵150多人，装备精良，且储备有枪械弹药，有一定的战斗力。其次是警察局和县长郑叔平公馆，有警员40余人，战斗力弱，可控。敢死队40人分成4个组，分别由吴翊成、吴国彩、高扬泽、吴秉华任组长。依照命令，各组快速靠近中正堂，沿南边墙脚水沟爬行至大门边，趁守门哨兵点火抽烟之机，一、二组队员迅速跳出水沟冲向大门，敌哨兵转身发现情况不妙，边喊口令边退进堂内关上大门。吴翊成见状，一个箭步跟进，却被大门卡住身子，进退不得。战友施友声等人立即上前合力推门，并顺势进入堂内，杀向敌人。此时堂内敌人警觉，向大门方向举枪射击。一时间，枪声大作，企图封锁大门。敢死队员冒着弹雨，继续涌进堂内，喊声大作，吓得敌人蒙头转向。住在楼下的接兵连，面对一把把雪亮的大刀，只好乖乖举手投降。睡在戏台上的盐缉队，也在缴枪不杀的喊声中当了俘虏。

驻守在三楼的县自卫队，凭借人多、武器精良，仍做垂死挣扎。此时，在自卫队任分队长的地下党员杨建福，大声喊道：“现在中队长不在，一切听我指挥！”（中队长林诚仁当夜在外取乐，不在岗位）等到楼上枪声稍停，吴聿杰取梯登楼，吴秉华、高扬龙紧跟在后。杨建福见状，吹起哨子，命令自卫队员放下武器，全体投降。中正堂战斗前后历两个小时，以全歼守敌告终。计俘敌150余人，缴获轻机枪9挺，步枪250多支，手榴弹5000多枚，子弹50000余发。

中正堂攻下后，高飞、吴秉熙领队包围警察局。警察局长游澄清原想固守待援，听说中正堂已被攻陷，顿时杀气锐减，但又不甘心俯首投降，便托词说道："只要郑县长有手令，警察局就投降。"此时，游击支队一小分队已攻入郑叔平公馆，在参议会副参议长吴自寿、教育科长吴培青等人的劝说下，郑叔平见大势已去，不得不下令警察局投降，并释放张纬荣。

此次战斗端掉警察局，俘敌40余人，缴获机枪2挺，长短枪40余支。另外，攻破参议院炮楼，缴获机枪1挺，长短枪10支，俘敌10余人。至此，县城完全解放，共俘敌210余人，缴获轻重机枪12挺及枪支300多支，我方阵亡1人（吴国彩）、伤3人（吴翊成、高扬寿、庄家祥）。

一贯趾高气扬、专权跋扈的林荫，得知县城失守的消息后，分外震惊，立即亲率卫队、林正乾自卫队的一个中队和林氏自治会武装人员共400余人，扑向县城。5月6日11时许，战斗在城北、城东方向打响。游击支队领导料到林荫必然反扑，便令吴秉华、高兆福等利用刚缴到手的轻重机枪，以岚华初中围墙、北门城墙作掩护进行阻击。游击支队由于人数不多，使用刚缴来的新武器操作亦不熟练，战斗进行得十分胶着。正当此时，由吴聿静、高名庄等带领的后备队250余人，从玉屿乘17艘小船赶来增援，声威大震。经4个多小时的阻击，林荫所部军心动摇，便向北溃退。

当日傍晚，支队决定回师根据地，以防敌人偷袭。果然不出所料，林荫收集余部于次日清晨偷袭玉屿等游击根据地，遭到我方阻击，林荫见偷袭不成，只好率部退守官井老巢。考虑到官井非安闲之所，游击队又不会放过他，便于5月11日，率残部、携妻小乘军舰逃往白犬岛。林荫在平潭统治8年的历史，至此留下最不堪的记录。

平潭游击支队敢打敢拼，以弱胜强，一举解放平潭县，平潭县成为解放战争时期，省内第一座以自己力量解放的县城。5月13日，经闽中地委批准，正式成立人民政府，高飞为县长。全县划为10个区乡，徐兴祖、高名峰、林奇峰、王祥和、陈孝义、高扬泽、吴聿静、陈国义、李登秋、陈功奇分别担任各区乡负责人。随之建立农会、民兵组织，开展减租反霸、禁毒禁烟斗争，清除国民党政权的残渣余孽。平潭游击支队以行动证实自己是一支革命武装队伍，尽管未能完全解除闽中党领导人的偏见，但使其不得不在事实面前解除对张纬荣的无端怀疑，认识到平潭游击支队是一支初心未改、特别能战斗的红色队伍。

第五节　游击队的战略转移

1949年4月23日，人民解放军解放南京，宣告蒋家王朝覆灭。用美式装备武装起来的国民党军队有如溃堤之水，纷纷向江南各地撤退、逃窜。国民党的73军、74军和天九部队二万余人自山东莱芜战役失败后，没有停止其溃退的步伐，于7月3日退据平潭岛，欲固守孤岛，做最后的挣扎。

闽中司令部根据敌情变化，即通知平潭游击支队退驻福清。依照上级命令，游击支队决定战略转移，让主力150人由高飞、吴兆英、吴秉熙带领退往福清，其余队员仍归各区乡负责人领导，就地隐蔽。6月30日，高飞率领游击支队大部分队员离开县城，从小练乘船到达长乐松下，再经几天行军由福清前林、赤射等村，进驻云中洋村。稍做休整后，即接到报告：敌第73军238师刚进驻福清县城，支队部决定趁敌立足未稳，进行夜间骚扰。7月6日，派出吴秉华、高名山、吴章富各带30名游击队员，向福清县城西北一带袭扰敌方。敌军误认为是福清云中洋游击队所为，于次日晨派出一个团的兵力企图清剿云中洋游击队。游击队接到敌人来袭的情报后，为保卫云中洋老区，决定在敌兵进犯的必经之地菜安山一带予以阻击。

敌人一个团1000多人，凭借美式装备，向菜安直驱而来。自以为消灭“土八路”易如反掌，不料却遭到迎头痛击。敌人为攻占山头，下令各营组织火力，进行扇形包围。支队领导听到枪声后，即派吴秉熙带领40多名游击队员赶赴支援；随后吴兆英也带17人赶去增援。敌团长原以为很快就可扫平云中洋，未料在半路上被游击队打得晕头转向，丢甲弃尸，最后只得撤兵回城。这场阻击战从早晨打到中午，4个小时的激烈战斗，歼伤敌方数十人，我方牺牲2人（吴翊耀、吴咸用），负伤2人（高哲戴、任祥）。

莱安一战打出平潭游击队的威风，既保卫了云中洋根据地，也得到闽中司令部的通令嘉奖。7月8日平潭游击队奉闽中司令部之令开赴莆田大洋接受改编，编为"闽中第一团第三大队"，高飞为大队长，吴兆英为副大队长。数日后，将平潭游击支队分为两队：一队由高飞、吴秉熙带领，计130多人，随同闽中司令部一、二两个大队，开赴永泰、闽清，配合当地游击队，消灭反动武装势力；另一队20多人，由吴兆英带领到长乐、福清开展地下斗争，安置撤出平潭的地下干部和了解平潭敌情。

7月中旬，高飞、吴秉熙带领的队伍开赴永泰安平寨，与饶云山、祝增华部会合，成立临时指挥部，高飞留守队部，吴秉熙为前线指挥。在随后不到一个月的时间里，高飞、吴秉熙率领的游击队，成功劝降徐钦发保安队一个排和徐三一自卫队一个连100多人，击溃了徐国财为团长的自卫团200多人，摧毁洋尾寨，为人民解放军解放永泰、闽清扫除障碍。9月13日，游击队编入第四军分区特务连，吴秉熙任连长，高飞调回平潭工作。

吴兆英所率20多名队员到达长乐江田后，和从平潭陆续撤出的一批干部，组成一个中队，徐兴祖任中队长，林奇峰任指导员。该中队与长乐游击队的一个中队联合组成长乐游击大队，陈志忠为大队长，吴兆英为副大队长。其主要任务是搜集敌方情报，开展反清乡、反搜捕等活动，为解放大军南下做准备工作。

第六节　支援解放大军南下与平潭解放

人民解放军以摧枯拉朽之势挥师南下，极大地鼓舞着奋战在敌人营垒中的地下党员和游击队员。奉命就地开展隐蔽斗争的地下党员和游击队员，怀着一颗赤诚的心，依靠群众的掩护，宣传革命形势，鼓舞人们斗志，以各种形式与敌开展反清乡、反扫荡、反搜捕、反封锁、反恐怖的斗争，千方百计搜集敌情报，在敌营垒中做分化瓦解工作。

国民党大批军队退据平潭后，试图为固守平潭做最后的挣扎。处处扎营设卡，村村“连保”屯兵，封锁澳口，禁止渔船出海，同时筑碉堡挖壕沟，妄图以法西斯手段，做困兽之斗。

国民党大批军队进岛，为林荫重温旧梦提供了机会。林荫率残部从白犬岛返回，随之召集要员开会，部署配合国民党军固守平潭的一应事宜。不少逃跑在外的土豪劣绅也相继归来，依附林荫的势力，干起助纣为虐的勾当。在 1949 年 7—9 月三个月时间里，林荫及其一伙，对游击根据地和游击基点村进行疯狂报复，游击队员吴矮仔、吴章含、高名英、陈景华、高哲让、薛由鉴等人，先后惨遭枪杀或活埋。在流水大富地区抓捕的游击队员家属、革命群众就达 100 多人，监禁、拷打、敛财，无所不用其极。

在平潭游击队主力撤离平潭时，徐兴祖受命潜伏下来。他积极组织尚未暴露身份的同志，在继续潜伏的同时，利用各种关系瓦解敌营垒中的中上层军政人员，刺探敌情，并在大福、芬尾、大富、山边等村居建立据点，发动村民抗税、抗丁，抵制抓伕修工事。大富根据点在徐兴祖、王祥和、欧秉发等人掌握下，与县内各联络点保持经常联系，搜集到的许多重要情报及时地送往长乐平潭游击队，和以张纬荣、吴聿静建立的屿头联络点，为解放大军顺利地解放平潭做了大量有效的工作。与此同时，由吴兆英带领的部分队员，深入到江田、松下、古槐等地，通过当地农会，筹集粮食、柴草、猪肉等，积极做好后勤保障工作。除此之外，吴兆英及所率的游击队员，遵照闽中司令部的命令，还承担起支前三项任务：一是征集船只，组建船员队伍，协同部队开展渡海登陆训练；二是刺探敌情，搜集情报；三是为部队解放平潭当好向导。上述三项任务，都完成得十分顺利，先后征集到船只 300 多艘，其中平潭籍 200 多艘，且多是吨位较大的商船。有了船只和船员的配合，部队渡海训练也进行得十分顺利。为了千方百计窃取到敌方的情报，依据师部的要求，把刺探情报的对象锁在敌人营以上的军官及参谋人员，王昌镐、高纯立等同志，为此做了大量卓有成效的工作。

在渡海作战即将打响的前夕，奉闽中司令部命令，平潭游击队作为渡海部队的向导一同参战。吴兆英带着介绍信向人民解放军 28 军军部报到，接受任务。随后，吴兆英、徐兴祖、林中长等同志被调到 82 师安排工作，该师的 244、245、246 三个团，由吴兆英等三人负责从福清的可门、大丘出发进攻吉钓、渔塘、江斗门，称为南线；张纬荣、吴聿静等被派到 83 师 247 团，负责进攻屿头、大小练，后从苏澳登陆，称为北线；林奇峰、陈孝义等被派往 84 师 250、252 团，以大扁为桥头堡进攻平潭，负责从红山、芦洋登陆，经中楼进攻城关，称为中线；其他中队人员分配到各团、营单位，有的分配到先锋连或船上参战。

9 月 15 日 20 时 30 分，人民解放军以 5 个团为第一梯队，3 个团为第二梯队，对平潭岛南中北三线发起总攻。在强大炮火掩护下，以游击队为向导，百舟竞发，乘风破浪，按既定作战方案，多向登陆，直取县城。攻岛部队所到之处，都受到百姓的热烈欢迎，送茶水，送食物，做向导，抬担架，协助抓押俘虏，尽力为部队行动提供方便。城关欧阿辉受雇驾驶一艘运输船，从闽东运货回来，中途被国民党军洗劫一空，抛锚于东庠葫芦澳。此时正遇 73 军和天九部队在澳口集结，等候乘船逃跑，在前见不到援救的船只到来，后又有攻岛部队追击的情况下，官兵争相上船，硬逼欧阿辉开船去台湾。万般无奈之下，欧阿辉示意 6 名船员，做好逃生的准备，自己亲掌船舵开出澳口，借着东北狂风，突收帆索，让整条船瞬间倾覆，6 名船员带上浮具落水离船，300 多名国民党军官兵统统掉进波涛之中。除了 70 多人最后游到岸上，当了俘虏，其余 240 多人沉入大海，一命呜呼。欧阿辉因负重伤被巨浪吞没，献出了他 58 岁的宝贵生命。

9 月 16 日，平潭县全境解放，共毙伤敌 125 人，俘敌 8007 人，缴获大批武器装备和战略物资。为纪念平潭解放，县委决定每年的 9 月 16 日为平潭解放纪念日。老区人民长期以来为之奋斗、为之牺牲、为之奉献的烽火岁月，终于在鞭炮声、欢歌声中宣告结束，并从此翻开了历史新页。

第二编

探索与发展

（1949 年 10 月—1979 年 12 月）

第三章　新中国成立初期的政治运动

第一节　保卫人民政权

1949 年 9 月 16 日，平潭全境解放，随即成立中共平潭县委，李俞平任县委书记。9 月 23 日，李俞平主持召开南下干部和地方干部会师大会，宣布成立平潭县人民政府，宋秋成任县长，高飞任副县长，吴兆英任县大队副大队长。下设一镇三个区，徐兴祖任一区区长，林中长任二区区长，吴聿静任三区副区长，张纬荣调县委办工作。10 月，李俞平调离，由韩陵甫继任。

1950 年 1 月 20 日，福建省支援前线委员会在平潭召开庆功大会，表彰在解放平潭战役中支前有功人员，县内老区村干部群众有近百人受到表彰。吴兆英、吴翊成分别于 1955 年、1957 年荣获国务院颁发的解放勋章和解放奖章。

一、支前工作

人民政权刚建立，海岛人民得以翻身解放，激发出爱国爱党爱子弟兵的极大热忱。为了支援前线，大家节衣缩食，给部队送番薯片、送柴火、送鱼干。在县区政府机构尚未完备之时，部分军粮是向群众先借，因没有公章，只好打白条，待日后抵作公粮。对此，群众毫不在意。由于岛内粮草紧缺，大福村群众看到部队登陆，便在林中英、林中节带领下送出第一批粮食，隔天又送去鱼干 20 多担和毛猪 4 头。后又筹集一大笔资金，雇船到涵江购买一批大米和木柴，运回平潭城关码头，送给驻岛部队。

1949年10月，全县动员船只30多艘、船员400多人，支援金(门)厦(门)战役。1950年，组织交通船、渔船、商船支援部队海上剿匪，其间，赴东庠剿匪时，支前船只多达70多艘。

1951年1月，县政府组建县、区、乡三级支前指挥部，动员大批人力、物力投入支前备战。修碉堡，挖坑道，构筑掩体工事，日上场民工多达万余人，占全县人口的10%。同时，集中船只110艘，在重点澳口待命；组织担架100副，归县支前指挥部调遣。

1953年1月，县支前委员会组建民力、担架、船只3个总队9750人，其中船只250艘，船员1250人。1955年4月，福清龙田军用机场开建及鹰厦铁路建设，全县先后动员民工4500多人参与，其中立功受奖297人。

1956年3—11月，全县组织民工14500多人，修建县内支前干线公路8条，全长79.1公里。

二、剿匪肃特

人民政权建立之初，盘踞在马祖岛的国民党特务机关，出于颠覆人民新政权、配合国民党"反攻大陆"的图谋需要，收罗沿海的股匪，公开对抗人民政权。为巩固新政权，创造一个安宁祥和的社会环境，自1950年开始，人民政权结合剿匪、肃反和镇反，查处一大批暗藏的国民党特务、土匪和反革命分子，先后破获"反共突击队""社会改进党""东南反共游击总队闽海纵队司令部""大刀会潜伏大队""福长平三县情报站"等敌特组织。其中，平息大刀会暴动影响最大。

1950年2月17日(农历正月初一)拂晓，平潭大刀会会徒一千多人，以向解放军拜年为名，分兵三路向县城、官井、后田等地驻军发动袭击，当场杀害解放军战士15名，打伤34名。驻军立即予以反击，击毙暴徒76名，伤47名，俘230名，迅速平息了大刀会的武装暴乱。事件发生后，通过摸底侦讯，依法判处首犯吴国柏死刑。与此同时，大力清查反动会道门组织，对其骨干分子分别判处死刑或有期徒刑和管制等。

三、强化治安

新中国成立初期，县公安部门在各区乡广大革命群众支持下，把社会治安管理作为大事来抓，通过禁毒、禁赌、禁娼，迅速扭转社会治安的混乱局面，一扫旧社会遗留下来的种种“毒瘤”。1949年9月，县人民政府成立后，发表第一号公告，即下令严禁种、运、吸鸦片和开设烟馆，违者从严惩处。1950年11月，根据省政府颁布的禁毒条例，当年查获烟毒案21起，抓捕烟毒犯32人，收缴烟土20两及烟具等。1952年8月，成立县禁毒指挥部，逮捕烟毒犯11名。9月份再次组织统一行动，抓捕烟毒犯71名，收缴鸦片7.75公斤，依法判处死刑1名，有期徒刑38名，管制4名。至50年代中期，烟毒在社会上绝迹。

禁赌、禁娼工作，在县公安部门统一组织实施下，同样取得显著成效。旧社会卖淫现象较为普遍，县城有公开妓院4家。县政府发出一号公告后，通过摸底登记，针对鸨母、娼妓进行教育、劝导，安排生活出路，使多数娼妓弃恶从良，暗娼活动也趋于绝迹。

四、开展“土改”

为巩固人民政权，实行土地改革可谓“重中之重”。为此，党中央在1950年1月制定新解放区土地改革的总路线和总政策指出，应依靠贫农，团结中农，有步骤地、有分别地消灭封建剥削制度，发展农业生产。平潭是全省最大的渔业县，渔业县如何进行“土改”，这在全国尚无现成的经验，《土地改革法》中就没有渔区阶级成分的明确标准和具体规定。为顺利地开展渔区“土改”工作，县委决定时任一区区长的林中长，带领工作队到有代表性的渔村开展调研工作。经过一个多月的努力，林中长和他的工作队终于完成了对两个重点渔村的全面调研工作，并向县委实事求是地提出划分阶级成分的具体方案。县委领导十分满意林中长交上来的两个方案，并及时上报给省委、地委审批，得到省地委的认同。

1951年春，县委在敖东、芬尾、和平、平原等乡镇进行“土改”试点，至1952年1月，全县范围内的“土改”工作宣告结束。全县没收地主土地5034.8亩，占总耕地4.99%。在渔区，按四种类型评成分：渔业资本家、小渔业主、渔民、渔工。渔区“土改”使80%以上渔民分到了紫菜礓，在海域或滩涂作业不必交租给占有者。“土改”结束后，领到土地证的渔民、农民欣喜若狂，有了属于自己的田地、渔具、紫菜礓，生产热情空前高涨，渔乡农寨展现出欣欣向荣的景象。

第二节　合作化运动

完成土地改革任务后，中共中央于1953年9月5日向全国公布社会主义过渡时期的总路线和总任务，其中针对农业的社会主义改造，即要求通过农民个体私有互助组初级社高级社的变革，转变为单一的农村集体所有制。当年组织农业互助组户数占总农户的62.5%；组织渔业互助组占总渔户数的37.3%，同时在渔区个别村居创办农业生产合作社（初级社）。

1954年，继续推进合作化运动，至12月，全县举办农业生产合作社137个，常年互助组388个，临时互助组665个，组织起来的农户占总农户68.5%；渔业生产合作初级社40个，常年互助组141个，临时互助组175个，占总渔户70.47%。

1955年，县委、县政府继续贯彻“积极领导，稳步前进”的方针，大力推进农村的合作化运动，引导初级社向高级社过渡。1955年11月至1956年12月，为高级合作社发展重要阶段。到1956年年底，全县共办农业高级合作社45个，渔业高级社42个。高级社船网等重要生产资料归公不计酬，农业土地归公不分红。

为加强领导，顺利推进农村的合作化运动，县委、县政府探索先试点，后总结经验，再全面铺开的方式。1955年11月，首先在苏澳镇深坑底村和北厝镇湖西村试办两个农业高级社，入社180户，至1956年2月，全县参加高级社农户达13800户，占总农户98%。社员入社后，土地归于集体，耕畜及其他生产资料折价入社，统一核算，依照各尽所能按劳取酬的分配原则分配。社员留有少量自留地。从全年纯收入中分别提取7%和2%，作为公积金和公益金。

为创办渔业高级合作社，1955年12月在东澳乡澳前村和民主乡看澳村试点，随后全县创办42个渔业高级社，入社渔户5100个，占总渔户的74%。1956年对高级社进行合并整顿，至年底入社渔户达98.8%。至1957年，全县合并为69个渔业高级合作社，船网工具折价入社，归集体所有，取消船网工具报酬。从事劳动生产的渔业资本家入社后作为候补社员，表现好的可逐步转为正式社员。建立社员代表大会，选举管委会和监委会，实行民主管理。

第三节　社会主义改造的基本完成

在农村渔区开展合作化运动的同时，县委于1956年1月制定《对私改造全面规划初步意见》，成立对私改造领导小组，下设对私改造办公室，抽调14名干部组成对私改造工作队，从6月份开始工作，至年底基本结束。

对私改造包括手工业和个体私营工商业。1954年，手工业合作化开始，县城为手工业者的集中区，率先成立潭城镇竹器生产合作社和铁器、纺织、成衣合作小组。1956年1月，县手工业生产联合社建立时，全县共组织生产合作社5个(竹、木、铁器、缝纫、米粉)，生产合作小组15个，从业人员329人，占全县手工业从业人员的57%。到年末，全县有13个社，1个小组，共计551人，占全县手工业从业人员的90.6%。1957年又相继成立苏澳、东澳渔网社和国彩渔网小组。

平潭县内个体私营工业，主要有油坊、酒厂、面粉厂等，其规模较小。平潭解放后，个体私营工业得到初步发展，主要行业有打铁、修船、织布、印染、烧灰、竹木器具修理、水产品腌制加工等。各种行业多集中于县城和苏澳等集镇。

1953年,开始对私营工商业和手工业进行社会主义改造,潭城、苏澳、澳前、平原、国彩等主要集镇和行政村的个体手工业者分别组织起打铁、修船、织网、烧灰等手工业合作社或合作小组;部分私营工业企业逐步并入国营企业或改造为公私合营企业,至1956年,私营个体工商业全部并入国营或集体工商业。据统计,经社会主义改造后,直接过渡为国营合作门市部的有118户,从业人员147人;公私合营41户,从业49人;经营代销57户,从业64人;合作商店94户104人;合作小组14户46人。

私营工商业的社会主义改造基本完成后,全县初步建立起以国营、集体经济为主导,个体经济为补充的工商业体制,而对于关系到国计民生的生产资料和一些重要商品实行专营或纳入计划轨道,有利于调动广大人民群众建设社会主义国家的积极性,有利于经济发展和社会稳定。

第四节　平反城工部冤案

城工部冤案在省内,尤其是在平潭影响甚大。1954年2月12日,经中共中央批准,省委成立审查城工部问题委员会,下设办公室,有46名干部参加审查工作。在审查过程中,始终贯彻实事求是的精神,在一年时间里,共收集1300多件、1000余万字的材料和证据,再经反复对照、核实和分析研究,终于水落石出,真相大白,形成最后的组织结论。

1955年1月22日省委提交党中央报告中指出:原闽浙赣区(省)党委认定城工部为国民党特务所控制的组织是捕风捉影、缺乏事实根据的,所采用的手段是完全错误的,其造成的危害和损失是严重的,应予以平反。

1956年6月27日,在省委一次代表大会上严正宣布:经中共中央批准,对福建城工部组织予以公开平反,认定城工部组织是中共组织,恢复城工部党员的党籍;对被错误处理的城工部党员给予平反，恢复名誉；对被错杀的平潭籍11位人员，予以昭雪，追认其为烈士，其家属为烈属，得到人民政府的抚恤和照顾。

城工部冤案完全是由于当时闽浙赣（省）党委主观错误所造成，领导思想存在右倾情绪，过分夸大敌特的力量。省委报告中对城工部党员提出6条组织处理意见，对他们在使用、提拔、待遇等方面，也有明确的妥善处理的指示。到1957年4月，全省恢复党籍的共有1276人。

城工部冤案平反后，丢掉了压在身上的政治包袱，恢复党籍的林中长、吴秉瑜、李登熙、何可澎等同志纷纷表示一定要努力工作，把毕生精力奉献给党的伟大事业。党的政策落实后，吴秉瑜离开平潭一中到省里重新安排工作，不久即任教于福建师范学院历史系。担任连江县县长一职的翁绳金，在冤案平反后被补选为中共连江县委委员。张纬荣在冤案平反后，由闽侯专署办公室调研秘书，调往福安专署任办公室负责人，1957年任省委文教部办公室秘书。

第五节　所谓“复员军人闹事”事件

1957年5月底，县委召开全县复员军人代表会议，希望借此机会整风肃纪，反对官僚主义、宗派主义、主观主义。会期6天，代表多来自农村，不少是当年参加地下斗争的老游击队员。这些复员军人代表在会议发言时，坦诚地揭发、批评领导机关的官僚主义作风，对复员安置工作做得不够到位，提出批评意见。宣传部部长林中长代表县委、县政府就会议做了总结讲话，肯定会议对于改进县委和县府工作帮助极大，给党整风运动打开了大门，是一次收获很大的会议，对于调动全县六百多复员军人的积极性，将发挥积极作用。

1957年6月8日，也就是代表会议结束后的第三天，《人民日报》发表《这是为什么？》的社论，一场全国规模的群众性的反右派运动拉开了序幕。平潭县委于6月27日部署反右派斗争，在反右斗争不断升温的大氛围下，县委态度来了个急转弯，把原先肯定的复员军人代表会议，说成是“复员军人闹事”，把向各级领导提出的善意批评说成是向党猖狂进攻。由于中央规定农村不反右派，抓右派就只能在干部中去抓，结果由吴秉熙和张超来背这个右派黑锅，当作复员军人闹事的主谋，判以重刑。与此同时，为了“深挖”，扩大“战果”，还株连到一大批干部。

吴秉熙虽后来投身革命，成为游击支队的领导人之一，但解放前曾参加国民党的青年军，任国民党保安团的排长。张超在解放战争时参加革命，但出身于富农家庭。就这样，复员军人闹事的主谋就被锁定在他们二人身上，而且他们被说成是“有计划、有步骤、有纲领、有目的”的反党集团。为此，吴秉熙被判处死刑，后经反复抗诉，才改为十年以上有期徒刑，于 1964 年甄别时得到彻底平反。张超被送往劳改场劳改，1958 年因上诉一次被加刑一次，愤而自缢于炼铁炉前。1982 年落实地下党政策时得以平反并恢复了党籍。随着吴、张二人冤情的昭雪，当年被株连的一批干部也都得到平反，恢复工作。所谓“复员军人闹事”事件，虽说是一出政治闹剧，但做法是粗暴的，影响是恶劣的，教训是深刻的。前事不忘，后事之师，这是应取的态度。

第四章　全面建设社会主义时期

第一节　“大跃进”与人民公社化运动

1957年10月27日，《人民日报》发表社论《建设社会主义农村的伟大纲领》，要求“有关农业和农村的各方面工作在十二年内都按照必要和可能，实现一个巨大的跃进”，“跃进”一词首次公开使用，由此也吹响了“大跃进”的号角。1957年12月4日，中共福建省委召开第一届代表大会第二次会议，号召全省人民树立“大跃进”思想，迅速组织各行各业投入“大跃进”的洪流之中。

1958年1月17日，县委召开三级扩干会，号召克服右倾保守思想，全面掀起大生产运动的高潮。2月12日，县委制订出“大跃进”计划，同年8月成立人民公社；9月，掀起“大炼钢铁”的热潮；至11月，全县办了490个集体食堂，“吃大锅饭”成为普遍现象。

“大跃进”运动中，农业一马当先，紧紧围绕“水、肥、土、密、种”五项指标，各乡镇纷纷制订各自的“跃进”计划。在“大跃进”中，广大群众的劳动热情被大大激发了起来，奋战了3个月，开发芦洋埔，兴建了流水避风港和竹屿口港养工程，以及一大批水利设施。“大炼钢铁”时，共计炼出83.38吨的废铁，无偿调用129万个工日，损失175万元。“大办食堂”，因不切实际，终于解散。在“大跃进”中，给人印象最深的是渔农业产量的增长。1959年全县粮食总产量是53万担，比解放初期增长一倍多，比1955年增长21.8%。1959年和1955年对比，全县余粮队由22个增至27个；缺粮队从23个减至

18个。1959年全县水产总产量达109万担，产值1000万元，比1955年分别增长1倍和1.2倍。不过，在“浮夸风”的影响下，对上报的数字，不得不存疑。“人有多大胆，地有多高产！”“不怕做不到，只怕想不到！”“卫星放上天，个个笑开颜！”这些口号都是当年的流行语。

1958年8月，中共中央政治局在北戴河召开扩大会议，通过《中共中央关于在农村建立人民公社问题的决议》，决定在全国农村建立以“一大二公”为特征的人民公社，作为向共产主义过渡的组织形式。“人民公社是金桥”，即形象化的群众语言。当年8—9月，建立平潭县人民公社，设潭城、平原、流水、敖东4个分社，下辖46个生产大队。1961年7月公社体制变动，全县划分屿头、大练、苏澳、平原、中楼、东庠、流水、潭城、潭东、北厝、敖东、南海12个人民公社，辖120个生产大队。1980年4月，潭城人民公社分为城关镇和岚城人民公社。1981年11月，从平原公社析出，设白青公社。至1984年9月，撤销公社建制，成立乡镇人民政府，全县形成3镇12乡4个居民委员会。

人民公社是一种乡社合一、政社合一，集工农商学兵为一体的统一领导管理机构，也是生产资料高度集中的公有制形式，体现“一大二公”的基本特点。公社内部设立半军事化生产组织及各类工厂、学校、医院等机构。公社既是政权机构也是生产管理单位，生产大队、小队没有独立的管理权。在公社范围内实行“一平二调”（平均和无偿调用），穷队和富队拉平，公社可以无偿平调社员、劳力、资金、财物或土地。在大刮“共产风”的政治氛围下，一哄而起的人民公社，得不偿失的大炼钢铁，损害群众利益的“一平二调”，以及各行各业由“大跃进”中而衍生出的浮夸风、瞎指挥风、强迫命令风等，给海岛建设和平潭人民造成了莫大的伤害，也留下了发人深省的教训。1959—1961年，平潭进入三年经济困难时期，收成锐减，粮食短缺，普遍出现饥荒现象。因营养不良而暴发水肿病及非正常死亡等严重状况，据《平潭县志》记载，1960年、1961年人口自然增长率分别仅为4.0‰、5.2‰，比解放后的10年间平均增幅低约1/3左右。

第二节　全民植树造林运动

新中国成立之前，平潭的自然条件和生态环境极度恶劣。民谚“平潭岛、平潭岛，只长石头不长草”就是对以往生态环境很生动地的描述。平潭解放后，县政府十分重视林业建设，多方探索荒山荒滩植树造林的途径，将营林绿化作为海岛建设一大目标任务。50年代起，县委、县政府即大力倡导全民义务植树，利用“四旁”先后栽植桉树、枫树、柏木等树种。为了探索适生树种，1958年11月，县政府派出多位民工进驻永泰县采种，同时又从山东青岛引进印度木麻黄种25公斤。1960年从浙江舟山引进黑松试种，自育成功后，在全县沙地荒山大面积推广造林。由于木麻黄、黑松适应能力强，造林成活率高，至70年代初，木麻黄、黑松均已成林，县内所需种子可以当地自采。在绿化荒滩荒山中，木麻黄、黑松功不可没。

为了大规模开发芦洋埔，县委县政府决定从长江澳风口造林入手，自1958年下半年开始，大规模营造海岸风口基干林、防风固沙林和农田林网，到60年代中期，已成功地营造出第一代防护林，开垦出耕地467公顷。与此同时，燕下埔风口、远中洋风口、流东流西风口造林都获得成功，使耕作区内的95%农田得到初步保护。

1962年10月，竹屿口围海工程竣工后，在开发海滩地的同时，县林业部门做出统一规划，营造了多条林带，至1973年，海滩地共营造护田林带137条，总长91公里，面积46公顷。在此期间，发动群众开发裸岩山地，大规模营造黑松、相思树等适生林木。至1973年，全县山地造林面积达4200公顷，占有林地面积61.4%。

在几次大规模的群众造林运动中，国营林场和集体林场在树苗培育、林木管护、森林防火等方面，均发挥着重要作用。

平潭经过60年代的几次大规模的大造林运动，共营造沿海基干林、防风固沙林和农田防护林5750公顷。其中，1966年营林2447公顷，创平潭营林历史最高纪录。造林绿化的成功，极大改善了平潭的生态环境，为后来平潭成为全国平原绿化达标县、全国造林绿化百佳县、全县沿海防护林示范县（区），奠定了基础。

第三节　实施三大围垦工程

新中国成立后，人民政府大力组织实施围滩、造地、筑堤护耕的众多工程，围垦面积达万亩以上的工程有 3 处，千亩以上的工程有 4 处，还有小型工程 60 多处。这些工程的实施，对于平潭自然环境的改善，海岛经济的发展，产生了积极而重大的影响，也彰显着老区人民敢于拼搏、力争上游的进取精神。

一、竹屿口围垦工程

竹屿口位于海坛岛中部西侧海岸，原为潭城港的出口处。潭城港口小腹大，海域面积 21.23 平方公里。为开发利用潭城港，发展水产养殖与农业生产，1958 年经省政府批准实施竹屿口围垦项目，投资 384.5 万元。1959 年成立竹屿口围垦工程指挥部，县委副书记杨玉鸿任指挥。同年 12 月 25 日，工程破土动工。在当年缺乏大型机械设备的情况下，完全依靠最简单的工具，实行“大兵团作战”，共征集 4000 多名固定工，动员机关干部职工参与，取得驻军支持。共计挖填土石 192 万多立方米，至 1962 年 10 月 12 日围堤工程竣工，创造了平潭围海史的奇迹。其间，海堤工程难度极大，参加大堤堵口合龙会战，人数多达 1.2 万，应用木帆船、人力车及箩筐、扁担等工具，终于制服了狂潮，确保堵口任务的完成。

竹屿口围垦后，潭城港废弃，形成滩地 1923 公顷，开垦耕地 1475.1 公顷，保护周围耕地 300 多公顷。原有的韩厝、霞屿、一埠、二埠、三埠等地的盐场，均变为农林垦殖区。1966 年 7 月，成立平潭县竹屿海滩地开发指挥部，组织全县民工全面开发海滩地。1967—1972 年，县政府动员 9 个公社、230 户、1317 人，分区建点，形成移民新村，开发耕地 1428 亩，建防护林带 275 条，总长 61 公里。至 1995

年潭城海滩地共有7个行政村，辖20个自然村、1249户，拥有耕地4648亩，当年产粮1411.8吨，产鱼20吨。

二、火烧港围垦工程

火烧港位于海坛岛西南海湾，湾内面积约750公顷，港内滩涂多为淤泥土质，最深达23米。港湾三面为丘陵环抱，低洼地带和海滩地常遭潮水和山洪淹没。1970年6月17日，福建省革命委员会批准在火烧港围海筑堤，筹建盐场。当年12月动工，1973年6月海堤竣工，并转入盐场建设。1975年，工程全部完成，正式投产。火烧港盐场面积5.56平方公里，有效生产面积3.97平方公里，年产原盐3万吨，是福建省第四大盐场。

火烧港围海工程包括：海堤填筑、闸门建造、滩内建设。前后投入280万工日，使用700辆人力板车，18艘自动抛石船，2艘机动船和30艘渔船，在军民协力攻坚克难下，终于完成了预定目标任务。计挖填土石268万立方米，耗资566万元。

海堤建成后，港内的6座小岛屿连成一片。在3座排水闸、1座溢洪闸、1个排洪站、1座纳潮闸建成之后，安装启闭机、轴流泵。火烧港围海筑堤后，逐步实施滩内开发。平潭盐场的干部、职工用不畏艰难、努力拼搏的精神力量，在1978年全面投产后，抓管理，促效益，提升盐品的质量和产量，终于发展成为省内四大单列盐场之一，省盐业机械化试点单位及原盐出口基地、食用盐定点企业。1987年，跻身于福建省首批"省级先进企业"行列。

三、幸福洋围垦工程

幸福洋位于海坛岛西部，原为芦洋埔西南部滨海沙荒和浅海滩涂，属于未充分开发的处女地。为了开发利用这片浅海滩涂，发展渔农业，1975年县政府即组织人员对幸福洋围垦工程项目进行可行性研究。1977年进入勘测设计。1978年3月14日，县革命委员会成立幸福洋围垦工程指挥部，当年10月便进入筹建阶段，于1979年3月正式动工，1981年12月竣工，历时34个月。

围垦工程依旧采取大会战方式进行。动员了县内大量民工及抛石船只多艘。围海筑堤工程于1979年3月打响，经过2年零7个月的努力，工程告竣，筑成4条长堤6086米，填筑土石134万立方米，投入210万工日。随后，完成了排洪闸门与进水闸门建设，便转入滩内综合开发。围海总面积700公顷，分别辟为农林区和水产养殖区。位于东段的农林区，计133.3公顷，辟为农田，由移民户及综合场工人开垦；中部133.3公顷滩地被辟为林地，营造防护林带，后建成果林场1个。位于西段浅水滩辟为养殖区，总面积324公顷，先后兴建57口养殖池，放养文蛤和对虾，并成为出口创汇基地。

除上述三大围垦工程外，在60年代至70年代，又陆续在远中洋、湾底、山门前、江楼等处实施围垦工程，以利于防潮、排涝、垦耕，对于改善海岛生态环境，发展农村经济，发挥了积极作用。

第四节　推进渔农产业发展

平潭是全省重点渔业县之一，渔业产值占县内总产值一半以上。1958年，在“左”的错误思想指导下，强调“一大二公”，刮“共产风”，渔民积极性受到挫伤，给渔业生产造成严重损失。1961年后，根据中共中央提出的“调整、巩固、充实、提高”的八字方针，对渔业生产体制、分配做了调整。渔船机帆化、渔网化纤化、通信电气化发展较快；大围缯、小围缯、钓业等规模逐年扩大。1958年全县发展机帆船6艘，总吨位120吨，至1966年机帆渔船超过100艘。1970年后向动力化和大型化发展，并大规模推广使用鱼探仪。至1973年县内机围渔船增至340艘，占全县渔船总数的9.62%。

60年代以后，随着水产科技的进步，采用鱼探仪寻找鱼群，或采用灯光诱捕，使作业海域不断扩大，其中转浙生产，取得较好效益，成为渔业生产中的一大亮点。每年都有100～200个作业单位转移嵊山渔场生产。

“文化大革命”开始后，渔区各级领导机构瘫痪，“政治评分”取代按劳分配，渔业生产遭到严重破坏。1970年，县革命委员会抽调大批军政干部赴渔区开展整顿工作，生产秩序得到恢复，海洋产业得到相应发展。至1976年，全县机帆船增至663艘，总吨位达3.64万吨；水产品年产量达4.36万吨，比1965年增长50.5%。成立于1956年3月的地方国营东庠渔场，至1979年年底，拥有渔船28艘，其中机动渔船16艘，非机动渔船12艘，全场职工226人。该场盛产马鲛鱼、鲳鱼、龙虾、鱿鱼、带鱼等200多种经济鱼和小杂鱼，所产金蟳（锯缘青蟹）是出口创汇的紧俏珍品。

农业是国民经济的基础，粮食是基础的基础。平潭长期以来是一个低产缺粮的海岛县份，粮食生产离上级要求差距一直很大。为维持正常的口粮供应及军需供应，每年都要从外地购进大批粮食。1957年，全县粮食定量标准进行大幅度调整，形成“七等二十五级”。1959年，粮食调入困难，不得不压缩销售，降低定量。一直至1992年10月，粮价放开后，才停止粮食计划内供应。

为促进粮食生产，县委县政府在全面贯彻农业《八字宪法》的同时，号召全民“学大寨”，大搞农田基本建设，抓紧造林绿化和滩涂围垦，下决心把农业搞上去，打一个粮食生产翻身仗。首先是扩大种粮面积。50年代初，县内粮食作物的播种面积11.24万亩，至1966年扩大为13.81万亩，此后几年大体不变。然而，粮食产量却在逐年提升。1949年粮食产量20744吨，至1966年为22351吨。其次是大力改造低产田。人民政府每年都发动群众兴修水利，改良土壤，平整土地，培肥地力，促进亩产的提高。这期间，先后建成六桥、玉井、韩厝、君山、正旺等中小型水库以及890多处的小型塘坝、1200多眼的提水井，使大批耕地得以适时灌溉，做到旱涝保收。再次，通过耕作方式的改进和农业技术的推广，提高耕地利用率。1949年县内耕地复种指数为146%，至1978年增为163%。旱地轮作和间作套种得到普遍推广，良种繁育也获得一系列成果，其中甘薯产量的不断提高，与良种的引进和繁育密切关联。

第三编

改革开放与综合实验

（1979 年 12 月—2020 年 12 月）

第五章　实施改革开放发展战略

第一节　实现伟大的历史转折

1976 年 10 月 6 日，以华国锋为首的中共中央政治局一举粉碎江青、张春桥、王洪文、姚文元“四人帮”。消息传来，平潭全县上下欢欣鼓舞，举行了声势浩大的集会游行活动。随后，通过举办学习班，深入揭批江青反革命集团的种种罪行，并在全县范围内清除“四人帮”及其亲信、爪牙的余毒。

1978 年 6 月，县委部署学习《实践是检验真理的唯一标准》一文，批判“两个凡是”，大力宣传党的十一届三中全会的路线、方针、政策，平反纠正冤假错案，加强组织建设，结束经济工作和社会发展徘徊不前的局面，实现工作重点从阶级斗争、路线斗争到社会主义现代化建设的转移。1979 年 5 月，贯彻中央为地富反坏分子“摘帽”的指示，全县摘掉地富反坏分子的“帽子”763 名，改变地富子女的成分 3706 人；进一步落实民族、宗教、华侨、在台人员家属和知识分子的有关政策，极大地调动各阶层人士的积极性；1980 年 12 月，县政协正式成立，发挥着政治协商、民主监督和参政议政作用，首届委员 29 名，来自各个阶层，对促进社会和谐，团结海内外各界人士，推动祖国统一大业做出积极贡献。至 1982 年 8 月，对“反右”“四清”“文化大革命”等各次政治运动中的案件予以全面清理。全县立案总数 2199 件，其中，“文化大革命”1347 件，“四清”476 件，“反右”63 件，“不纯”119 件。经复查，平反纠正 1799 件，改正面达 81.8%；为受迫害和株连的2073位干部、群众平反，恢复党籍318人，恢复公籍157人，至1985年年底一些遗留问题得到相应的落实解决。

党的十一届三中全会重新确立马克思主义的思想路线、政治路线和组织路线，摒除了“两个凡是”带来的思想束缚，全县上下形成了团结向上、积极进取的政治氛围，激发了建设社会主义新农村的劳动热情。1980年，经济体制改革首先在农村、渔区展开，各种形式的生产责任制，包产到组、到户在生产队普遍出现。当年11月，县委召开四级干部会，含生产队长以上2800人各级干部参会。会上传达中共中央《关于进一步加强和完善农业生产责任制的几个问题》。至1981年1月，全县农村全面实行家庭联产承包责任制，渔区于当年4月也全面实行联产承包责任制。管理体制与经营机制的改革，促进农渔经济的发展和生产力的提高，克服了平均主义，极大地调动农渔民的生产积极性。仅以农业总产值为例，1976年全县农业总产值2698万元，1985年达6688.32万元，增长2倍多。

第二节　经济体制改革全面展开

党的十一届三中全会的召开，实现了全党工作重点转移到经济建设上来，从此拉开了经济体制改革的序幕。

平潭县的经济体制改革首先从农村起步，全面实行家庭联产承包制，初步解放了农村生产力，调动了农渔民的劳动生产积极性，农村经济开始从单一经营向多种经营的方向发展。1981年，全面实行家庭联产承包责任制，1984年延长土地承包期，承包制逐步得以完善，出现多种形式的经济联合体和乡镇企业。农民有了生产、经营自主权，剩余劳动力开始转向第二、第三产业，农村中不断涌现专业户和经济联合体，农业规模经营初露端倪。至1995年，全县专业户有210户，占全县农户0.53%；有种养联合体25个。

平潭渔区在1982年4月全面实行联产承包责任制。单一的渔业集体经济所有制，逐步被多种经济形式所取代。1983年后，渔业股份合作经济开始推广，以自愿结合、合伙投资为主要模式的联合体大量涌现，促进了渔业经济发展和生产力的提升。资产股份共同支配共担风险，解决了资金缺乏的难题，推动联合体购置大型船具和兴办较大型企业，如：水产养殖场、冷冻厂和大马力钢质渔轮等。1986 年 5 月，县水产局扶持陈岱英联合体在竹屿口设置 54 个网箱，进行真鲷试养，获得成功，开创福建省网箱养鱼的先例。1988 年后，流水、澳前、敖东等渔业乡镇先后有 23 个联合体办起梭子蟹暂养池，供货日本，取得很好效益。至 1994 年，仅钟门海区就有网箱6000个，成为平潭县颇具规模的网箱养鱼基地。

进入 20 世纪 90 年代，全县农村改革继续深化，在继续稳定完善家庭联产承包责任制和统分结合的双层经营体制的基础上，围绕农业产业化经营，致力解决制约农业和农村发展的各种矛盾，发展农业社会化服务体系，为农业生产提供产前、产中、产后服务，不断扩大产业化经营规模。

与此同时，全县工业和财贸系统也进入治理整顿的重要时期。其重点是：深化企业改革，优化经营管理，调整产品结构，促进技术进步，提高经济效益。国营企业和县办集体企业通过治理整顿和深化改革，使自主经营、自负盈亏、自我积累、自我发展走上更加完善、更加健康的路子。在一些有条件的企业，有组织地进行股份制试点，探索税利分流、税前承包、税后还贷问题，同时建立企业主管部门、企业法人的自我约束机制，处理好各种关系。在改革开放和经济体制改革的浪潮中，一批老企业得到更新改造，一批经营不善的企业遭到改组或淘汰。其间，有 3 家县属国有和集体企业被兼并，2 家实行中外合资或合作经营，有 3 家国有企业、5 家集体企业停产或半停产，新创办 3 家县属国有集体企业和 6 家外资企业。

第三节　加快基础建设步伐

平潭作为福建前沿海岛，新中国成立后，由于地处“海防前线”，加上财政困难，基础设施建设十分落后。1987年，平潭被列为福建省17个贫困县之一，中央和省市财政给予了“收入全给，超收全留，定额补助”的倾斜政策，但还是无法摆脱“收不抵支、入不敷出”的困境，对基础设施建设投入一直不足。90年代前，县内找不到一条上等级的国道，用于客货运输的娘宫码头也是由低水位码头加高接长后改建而成，尤其是供水、供电也一直制约着地方经济的发展。因此，为加快经济发展，壮大经济实力，突破基础设施的“瓶颈”，成为施政的要务。进入90年代后，县委县政府千方百计筹集资金，上马了一批码头、公路、通信、水电及旅游配套建设项目，继金井5000吨级散杂货码头和流水至东庠陆岛码头建成后，相继完成了敖东澳仔底码头接线公路、城南路、西航路、海滨路、东澳至砂姆企环岛公路一期工程，以及城关至平原、流水、澳前等主干道的沥青化建设。

为把有限的财力用于加强基础设施建设，自80年代以来，除加强交通、能源和城市建设外，对农村水利方面的投入也占相当比例。通过开发荒埔，增加耕地面积，仅1988—1992年，全县就新增耕地3128亩；通过治理水土流失和改造中低产田，使可灌溉耕地达3万多亩。发动群众性大造林运动，至90年代后期初步建成海岛防护林体系，森林覆盖率达35.17%，绿化程度达95.75%，县境内的生态环境有了初步改善。其中，长江澳风口造林、燕下风口造林、远中洋风口造林及裸岩山地造林等重大工程的实施，对于保护耕地、改善生态环境发挥了积极作用。

为解决城乡电力供应不足的难题，1976年开始风力发电试验，1985年实施风力田建设。1989年9月，榕福平输变电进岛，平潭电网由省电网供电，全县柴油机组发电基本停止。1997年，11万伏输变电工程开工建设。1999年启动农村电网改造建设，涉及15个乡镇的179个建制村，至此县内电力供应趋于正常。1998年3月，长江澳风电一期项目立项，次年开工建设，2000年10月建成并网运行，年发电量达1300万千瓦时。2005年11月，长江澳二期风电项目开工建设，至2007年年底建成投产，当年发电8800万千瓦时，2008年发电2.8亿千瓦时。

随着海岛经济的发展步伐加快，邮政、电信也根据市场的需求，以高速、优质为基点，全力建设现代化通信网络。移动通信于1992年开通，1995年开始数据通信网络建设，1997年开通互联网业务，2002年开通宽带通信业务，从而实现全方位、多层次、综合性服务，并为利用互联网、物联网、云计算和大数据等新一代信息技术，为客户提供综合信息服务奠定了基础。

第四节　建设海峡大桥

平潭地处海岛，与大陆隔着海坛海峡，交通不便成为平潭发展的最大"瓶颈"，建设海峡大桥一直是全县人民的梦想和期盼。1992年，海峡大桥进入筹建阶段。当年10月，县委县政府在平潭建县80周年庆典大会上正式提出建桥构想，1993年8月，成立筹建委员会，开展前期工作。

为解决大桥建设资金问题，1994年3月，邀请香港怡华国际投资有限公司参与投资，但该公司没有履行合作协议，项目搁浅。1998年5月，作为重点招商项目，与法国GTM公司达成合作意向，后该公司因故退出合作。2003年5月，省交通厅将一桥项目列入省交通基础设施建设"十五"规划重点项目；省发展计划委员会随后进行重新立项。2004年12月，省发改委将大桥立项转报国家发改委。2005年6月，国家发改委审查通过建桥方案，于10月20日正式批准立项。2006—2007年，一桥项目论证、海洋环评、水文气象、地质地震、海域使用、防碰撞设施等相关专题报告共20多项相继通过上级相关部门和专家评审论证，并完成招投标工作，于2007年11月30日正式动工建设。

一桥起自福清市小山东，接省道305线，跨海坛海峡，止于县北厝娘宫，接省道305线，路线全长4976米，其中大桥长3510米，两端接线公路总长1466米，大桥及接线公路宽17米。根据国家交通部初步批复，项目总投资11.394亿元，其中项目资本金5.05亿元，占总投资的44.34%;资金拼盘为国家交通部7000万元,省级补助8000万元,市县投资4.544亿元,申请国内银行贷款5.35亿元。项目建设年限为3.5年(即2007—2011年),业主单位为福州市平潭海峡大桥有限公司,设计单位为中交公路规划设计院、福建省交通规划设计院,承建单位为中交集团第二航务工程有限公司,监理单位为山东省交通建设监理有限公司。

2007年11月30日工程正式动工。在娘宫码头举行隆重的开工仪式。全县人民为之欢欣鼓舞,并踊跃捐献。2010年9月15日,举行大桥全桥合龙仪式。11月30日,举行试通车仪式,标志着平潭从此结束了与内陆通行依靠轮渡的历史。

第五节　加强社会事业建设

党的十一届三中全会以后,随着经济建设迈入快车道,社会事业建设也相应得到发展与改善。教育事业经过拨乱反正,整顿充实,逐步从复苏走向繁荣。政府大力改善办学条件,各类教育迅速发展,初步形成包括幼儿教育、义务教育、职业教育、成人教育等覆盖全社会的教育网络。1989年,全县中小学基本实现“一无二有”(无危房,班班有教室,学生有课桌椅)。1994年,全县普及初等义务教育。1998年“普九”工作通过省评估验收,实现“两基”达标。

2002年起,为整合教育资源,提升办学质量,加快布局调整步伐,实行有计划的撤、并、转。城乡免费义务教育全面实施,加紧中小学危房改造,加快中小学标准化建设,平潭一中教学楼、城关中学实验综合楼;县职业中专教学办公大楼、城南学校、县教师进修学校综合楼先后建成并投入使用。在加强园舍建设的同时,教学仪器设备和学校图书馆建设也得到相应加强。至2006年年底,全县所有中小学校全部接入宽带网,实现“校校通”。

改革开放的热潮也为科技振兴带来了希望。80年代以来,利用潮汐、风力发电的试验,鲎试剂系列产品的开发,网箱养鱼技术的运用，以及农村新能源建设等均取得重要成果。进入 90 年代，全县科技工作者进一步焕发出创新能量，在渔、农、林、工等各条战线发挥积极作用，实施的“星火计划”，对海岛资源的综合开发和经济总量的增长，产生良好影响。1980—1995 年，全县科技成果累计获得市级以上科技成果奖、科技推广奖、科技论文奖等 136 项(篇)。1996 年县委、县政府组织了“科技兴县年”活动，实施“十大科技工程”和一系列“星火计划”项目，继续推进科技知识在基层的普及和科技成果的转化，至 2008 年统计，实现科技进步对经济增长的贡献额达 50%，科技成果转化率达 50%。其中，仅林业科技的推广项目就有 13 项，获省级奖项 2 项。部分科研成果达到国内领先水平，其中以渔业方面的科研为突出，如鲍鱼浮筏式养殖、东方泥花螺工厂化育养、紫菜良种培育、长竹蛏育苗试验、南美白对虾池养技术等。

党的十一届三中全会后，医疗卫生事业的进步也是显而易见的。县医院建成新病房大楼，县中医院于 1985 年建成后正式挂牌开诊。根据《药品管理法》，成立药品检验所。县、乡、村三级医疗卫生网络逐步建立，培养出一批医疗卫生技术骨干。各卫生医疗单位推行目标管理责任制，开展创文明院所活动，以提高医疗质量和服务水平。县医院成为福州市区县首家二级甲等医院，评为“福建省花园式单位”。至 2005 年县内专业医院共引进新技术、开展新项目 110 项，完成科研论文 152 篇。

2007 年，按照“政府引导支持、农民自愿、互助共济”的运作模式，结合平潭实际，成立县新型农村合作医疗工作机构，与各乡镇签订“新农合”工作责任书。县内 18 家医疗机构获得“新农合”定点医疗机构准入资格，至 2008 年 12 月，全县参加“新农合”人数达 25.8 万人，参合率为 84.2%。“新农合”工作的开展，使广大农民群众住院看病得到相应补偿，有效缓解了群众“看病难”热点问题，提升了农村群众参加合作医疗的积极性。

党的十一届三中全会以后，平潭的文化事业也取得长足的进步。随着有线电视入网户的增多，电影市场逐渐萎缩。群众文化生活多元化，农村文化建设的增强，两岸文化交流的密切，使海岛城乡文化形态向着多维度发展。沙雕文化节和美食文化节的举办,成为新时期文化的又一亮点。“碗礁一号”沉船的考古挖掘,以及随后多处沉船遗址的发现,成为国内考古界的一件大事。具有海岛特色的藤牌操、词明戏以及渔耕文化、民俗文化的深度挖掘和积极传播,激发着文艺工作者的创作激情,也同时带动着一批文化馆舍的建设。县图书馆、江继芸纪念馆、档案馆及一大批“农家书屋”的建成,提升了城乡文化生活,丰富了地方文化的内涵与载体。

第六章　开启综合实验区建设新征程

第一节　平潭发展迎来历史性机遇

进入 21 世纪，福建省和福州市持续加大对平潭发展的扶持力度，2004 年福建省委提出海峡西岸经济区战略，按照省委的战略部署和福州市做大做强省会中心城市的战略要求，平潭适时调整发展战略，提出建设经济繁荣、山川秀美、文明开放的海洋经济强县和现代滨海旅游城市的新目标。2006 年年初，平潭县委县政府审时度势，向省委省政府提出在平潭设立实验区的初步设想。

该设想认为，基于平潭近台地理区位、对台交往历史悠久等诸多独特优势，以平潭全岛作为特殊区域，设立两岸合作开发的实验区，有助于充分发挥平潭特殊对台优势和加快平潭的开放开发步伐。这一初步设想提出后，引起全国和省市各级的关注。全国政协副主席张梅颖、厉无畏先后于 2007 年、2008 年到岚调研，台盟、民盟、民革和九三学社等民主党派中央领导以及国家发改委、商务部、国台办等有关部委领导也以实地调研等多种方式表示关注和支持。2009 年 7 月，根据《国务院关于支持福建省加快建设海峡两岸经济区的若干意见》，中共福建省委八届六次全会正式做出设立“福州（平潭）综合实验区”的决定，提出把平潭建成探索两岸合作新模式的示范区和海峡西岸经济区科学发展的先行区。至此，寻求两岸全方位合作，实行综合开发、共同发展的战略构想，逐步落到实处。2010 年春节，时任中共中央总书记胡锦涛视察福建，要求平潭综合实验区要积极探索有利于开发和发展的机制，强调搞好规划，搞好基础设施建设，创造好发展条件。随后，习近平、李克强、温家宝、贾庆林等中央领导也先后对平潭工作做出重要指示，按照“共同规划、共同开发、共同经营、共同管理、共同受益”的原则，探索建立两岸合作新机制。

根据中央的决策部署，平潭开放开发上升为国家发展战略。2010 年 8 月，福州（平潭）综合实验区更名为平潭综合实验区，为省委省政府的派出机构。实验区设立之后的一年多时间，有近千批境内外各类考察团来平潭考察，其中台商占 1/3 以上，投资额达 1000 亿元以上，涉及高新技术、物流、房地产开发、旅游等 10 多个领域。

2011 年 4 月，国务院正式批复国家发改委的《海峡西岸经济区发展规划》，进一步明确提出设立平潭综合实验区，努力把平潭建设成两岸同胞合作建设、先行先试、科学发展的共同家园。这表明，平潭综合实验区在海峡西岸经济区的建设进程中，已成为海峡两岸合作的重要窗口和平台。从此，平潭实现了由“海防前线”到“综合实验”的历史性的转身，成为引人注目的一方热土。平潭迎来新的历史性发展机遇，为实现科学发展、跨越发展奠定了基础。

从 2010 年开始，平潭综合实验区按照总体规划（建设设施完善、功能配套的“国际旅游岛”，知识密集、信息发达的“科技智慧岛”，环境优美、生活舒适的“生态宜居岛”）的要求，采取组团、分时序推进的发展模式，全力推进规划编制、基础设施、产业发展、城市建设和社会事业等“五个一批”重点项目建设，创造“平潭速度”，努力实现两岸同胞“共同家园”的宏伟愿景。

2014 年 11 月 1 日，习近平总书记第 21 次到平潭调研视察，亲自为平潭擘画了“一岛两窗三区”的战略宏图。习总书记指出，平潭面临的机遇，不是百年一遇而是千年一遇。栽得梧桐树，引得凤凰来。要把基础设施、人居环境和软环境搞好，吸引更多企业和人员来平潭干事创业。平潭综合实验区是全国独创，要继续努力探索，真正把平潭建设成为两岸同胞的共同家园。

第二节　加快体制机制改革

平潭综合实验区既不是纯粹的经济特区，更不是一般意义上的经济技术开发区，而是肩负着两岸交流、祖国统一的重大历史使命，是在政治、经济、文化和两岸交流交往方面实施全方位的先行先试的特殊区域。因此，除了要强化基础设施、产业体系建设之外，还必须在创新体制机制方面，先行实验一些重大政策措施，逐步建立起充满活力、富有成效、有利开放开发的体制机制，同样是题中应有之义。

为了要在体制机制创新方面闯出一条新路，本着"五个共同"的新模式，平潭综合实验区按照"精简、统一、高效"的原则设立职能部门，实行扁平化、高效率的管理体制及运作机制。首批内设机构为一办（办公室）、三局（经济发展局、环境与国土资源局、交通与建设局）、三个领导小组（财务金融、政法、对台政策研究）、五个组团指挥部（金井湾组团、岚城组团、幸福洋组团、坛南湾组团、澳前组团），并继续完善管委会内设机构，根据"大部门"体制要求，进行县级机构改革，实现区、县机构有机衔接。

按照扁平化模式，创新行政管理体制，组建了行政审批局，推进集中行政许可制度改革，全面实施清单管理，提升运转效率，实现政务服务从 8 小时到全天候服务的跨越。

在商事改革方面，平潭在全国首推"一表申报、一口受理、一照一码、一章审批、印章即刻、立等可取"的综合服务模式。核发了全国首张具有"统一社会信用代码"的营业执照。在全国率先实现个体工商户自助登记，并将银行开户许可证纳入改革试点。

在审批体制改革方面，采取"一表申请、一口受理、并联审核、一章审批、一周办结"的审批运行机制，大幅精简申报材料，提高整体兑现效率。

在探索社会治理新模式方面，组建"智慧岛"管理服务中心，在整合六大领域数据的基础上，实现数据互联互通和共享共用，构建全岛、全领域、全覆盖的协同管理和服务模式；探索建立“一人一码”信用信息查询机制。

在完善事中事后监管制度方面，首创“六合一案管”系统，完善风险防控机制，打破部门间的信息壁垒，实现商事主体登记与后续监管的无缝对接，明确监管部门的权责划分。

在完善投资管理体制方面，实行准入前国民待遇加负面清单管理模式，率先对台开放金融、增值电信、医疗、旅游、人力资源、电子商务等50多个领域。对一般境外投资项目和设立企业实行备案制，支持区内企业和个人使用自有金融资产进行对外直接投资。与此同时，创新分线通关管理模式，简化海关通关手续和环节。全面实施无纸化报检，基本实现检验检疫移动式查验模式。

平潭综合实验区始终将创新体制机制视为实验区成败的攸关环节，全力实践，取得明显成效。入驻企业业态多元化，跨境电商、类金融服务、旅游文创等新兴业态快速增加，无不彰显出体制机制的改革创新所带来的直接效果。

第三节　建设国际旅游岛

2015年4月，国务院印发《中国（福建）自由贸易试验区总体方案》，明确提出平潭“重点建设两岸共同家园和国际旅游岛”。区党工委管委会组织力量编制《平潭国际旅游岛建设方案》，提出了指导思想：牢固树立和贯彻落实创新、协调、绿色、开放、共享的发展理念，主动服务国家重大发展战略，进一步突出特色、发挥优势，积极探索海岛旅游开发新模式，构建以旅游业为支柱的特色产业体系，促进两岸经济文化社会深度融合，形成两岸合作新局面，积极融入“一带一路”，构建对外开放新体制，深入推进生态文明建设，形成人与自然和谐发展新格局，努力把平潭建设成为经济发展、社会和谐、环境优美、独具特色和两岸同胞向往的国际旅游岛。其发展定位是国际知名旅游目的地、海岛生态旅游示范区、两岸同胞共同家园和对外开放重要窗口。

按照多规合一的原则，结合全岛旅游资源分布、旅游产品组织和服务要素聚集等因素，加快构建“一廊两环五区”的发展格局：(1)“一廊”即海峡旅游廊道，将平潭至台湾打造成为游客往来的重要走廊和通道。(2)“两环”即陆上旅游环、海上旅游环。陆上依托环岛交通路网，串联山、海、湖、城，形成陆上旅游环；海上则以周边海域和离岛开发为载体，通过邮轮、游船、游艇开辟观光航线，形成海上旅游环。(3)“五区”指坛南湾滨海度假区、海坛湾滨海旅游区、坛北文化体验区、坛东民俗旅游区、离岛生态休闲区。其重点任务是：建设宜居宜游生态岛，培育特色旅游产品体系，完善旅游基础设施体系，促进旅游相关产业发展，构建旅游开放合作平台，优化旅游发展整体环境。总体目标是，到2025年，国际旅游岛基本建成，成为两岸同胞向往的幸福家园和国际知名的海岛休闲度假旅游胜地。旅游业增加值占地区生产总值比重达14%左右，第三产业增加值比重再提升5个百分点。

2016年8月8日，国务院原则同意《平潭国际旅游岛建设方案》。该方案获批后，实验区即举办新闻发布会及多场政策说明推介会，并在中央电视台、人民网、新华网等主要媒体投放宣传广告，全面扩大影响。当年，全区共接待游客289万人次，同比增长25.17%，旅游总收入达10.96亿元，同比增长66%。

为全方位提升旅游品质，在强化旅游硬件建设的同时，加大旅游宣传、营销力度。一批旅游星级酒店开工建设，如金井湾酒店、坛南湾酒店、如意湖酒店等；一批特色村落得以开发，如芦北村、北港村、国彩村、红卫村、潭水村等；景区的道路及配套设施得到加强，如石牌洋、猴研山、将军山、东海仙境、坛南湾、竹屿湖等；新开辟或继续建设了一批公园、廊道，如国家级海洋公园、澳前台湾小镇、北部廊道、省级地质公园、鸣凤山公园等。与此同时，大力开展“清新福建·平潭蓝”品牌推介活动，推动《平潭映象》大型舞台剧在国内各地巡演。通过开展各类赛事活动，增强平潭的知名度；而石头厝、古民居、“蓝眼泪”、各色民宿，为广大游客所青睐。

平潭交通状况的改善，对旅游业的振兴起到至关重要的作用。至2019年，环岛路建设接近完成，第二通道即平潭海峡公铁两用大桥已主体贯通。四通八达的道路将岛内各处景点串联起来，而依海而建的环岛路更是处处有风景，犹如一幅流动的画图。因其美丽的风景而吸引了两岸职工自行车赛、“海洋杯”平潭国际自行车公开赛等众多赛事在平潭举办。

2019年，平潭综合实验区根据省委提出“现代化＋原生态”发展要求，不断完善滨海旅游的顶层设计，进一步打造出“滨海风光”“滨海度假”“滨海康养”“滨海运动”“滨海文化”等一批标志性旅游产品，推动华侨城欢乐南岛、世茂海峡恋岛等一批龙头项目落地开花。2020年，平潭综合实验区获批“国家森林城市”，入选中国最美文化生态旅游名区。无疑地，这些将进一步推进国际旅游岛建设，展示其更美好的城市形象与魅力。

第四节　推进岚台合作

围绕习总书记关于“平潭综合实验区是闽台合作的窗口、国家对外开放的窗口”重要指示精神，以及2019年1月在《告台湾同胞书》发表40周年纪念会上和2020年全国“两会”期间参加福建代表团审议时的重要讲话精神，平潭综合实验区着眼台湾“基层一线、青年一代”，先后实施“深化两岸融合发展两年行动计划”“探索海峡两岸融合发展新路36条”等一系列落细落实举措，“精耕试验田、当好摆渡人”，为两岸融合发展发挥着独特作用。

发展两岸商务往来取得突破性进展。省委省政府适时出台了《关于深化对台交流合作推动平潭科学发展跨越发展的意见》，从优惠政策投放、体制机制创新、项目资金支持等方面向平潭倾斜。福建自贸试验区揭牌后，允许平潭自贸试验区内符合条件的台资独资建筑企业承接省内建筑工程项目。2015年10月30日，国家发改委等12个部委联合发文批复，原则同意设立两岸电子商务经济合作区。平潭适时调整对台小额商品交易市场商品经营范围，在轻工业品类中新增5类商品。

在密切两岸商务往来的同时，经贸合作也翻开新的一页。2013年6月，平潭台商协会成立，成为两岸合作的又一平台。台湾富邦财险、宸鸿科技、零一电子商务有限公司、台达电子有限公司、平潭（台湾）爱维口腔医院、宗仁科技（平潭）有限公司等纷纷落户于平潭，截至2020年12月，全区累计注册台资企业就达1270家。2015年8月，平潭台湾创业园开园，为台湾青年在平潭创业就业提供一个崭新的平台。而澳前“台湾小镇”的创建也同样吸纳了大批台湾商户入驻。2016年8月，平潭台湾创业园被国台办授予“海峡两岸青年创业基地”。陆续开通与台北、台中、高雄的客运货运直航航线，实现“三箭齐发”“客货并行”，台湾中南部水果可实现“九分熟再采摘，次日通过平潭口岸上市”。同时，积极打造澳前“台湾小镇”（即台湾商品免税市场）、台湾农渔产品交易中心，设立两岸农渔产品线上交易平台，搭建台湾商品登陆的“第一窗口”。2019年，台轮来靠船只同比增长148.8％、集装箱运量同比增长49％；台湾农渔产品进出口货值突破6亿元、增长1.5倍，对台进出口贸易额达56.3亿元、比增72.4％。2020年1—6月，对台贸易总额、两岸农渔贸易货值分别比增34.94％、68.83％，新增台企63家、累计达1111家。

为推进岚台合作，吸引人才，鼓励台湾青年来岚创业，打造台湾创业园、澳前台湾小镇、北港文创村、磹水风韵古村等一批创新创业平台，常态化实施“台湾青年创业就业引领计划”。2016年区管委会印发了《平潭综合实验区贯彻落实〈关于加强中国（福建）自由贸易试验区人才工作〉的实施意见》，以提升人才服务质量，优化人才发展环境。其中，不再限定年龄和来岚创新创业的台湾籍人才可申请认定实验区中高层次人才，成为《实施意见》的两大亮点。当年，首批台湾青年创业就业培训班在平潭台湾创业园举办，120名台湾学员参加。2017年3月，第二期“台湾青年就业创业引领计划”活动，在平潭台湾创业园举办，181名台湾青年参加活动。当年3月，

20 家国企、事业单位提供近 60 个工作岗位，吸收 180 多名台湾本土高校在校生、毕业生参加。当年 7 月，首次赴台招募人才，平潭台资企业提供 16 个就业岗位，招聘 76 人。

为有序推进两岸社区融会，设立专门的台胞服务窗口，为台胞提供医保、办证、出行、子女就学、丧葬服务等绿色通道。同时，借鉴台湾村里长治理理念和模式，引入台湾规划设计、环境整治、生态保护等经验，让台胞享有基层治理、参政议政等基本权利和义务。在共同行业标准方面。全国首创对台职业资格采信工作，截至 2020 年 12 月，完成 134 项职业资格对台比对，其中 95 项实现了直接采信，台胞可凭采信证书在实验区范围内执业。放宽建筑、规划、环保行业的准入，备案营造、设计、工程技术顾问等台湾企业 60 多家，已参与实验区 40 多个项目。特别是 2019 年来，启动了全国首个“由台湾规划单位设计、台湾营造企业施工、台湾建设标准验收、台湾同胞入住、台式物业管理”全链条体现台湾元素的台胞社区建设；设立全国首个“台胞台企服务中心”，集成散落在各部门的企业注册、往来便利、项目投资、资金兑付、民生保障、职业资格采信、金融服务、法律维权等 8 大类 157 项涉台行政审批及公共服务事项，设立以来已咨询及受理业务近 2 万件，努力做到让台胞“进一扇门、办所有事”。

在岚台农业合作方面，积极借鉴台湾精细农业发展理念，引进台湾先进农业发展元素，推动“润兰农业”“绿色农业”与台湾新竹农会、高雄农会合作。鼓励区内农企引进台湾优良品种，建立繁育与示范基地，重点推广台湾水果、水产、蔬菜、苗木、花卉等先进栽培技术，培训各类农技人员。

在岚台文化交流方面，已成功举办八届共同家园论坛、六届两岸职工自行车赛，以及跆拳道、篮球、垒球大赛等多界别交流。建设南岛语族遗址公园、两岸国学中心、海坛海防博物馆，开展城隍、妈祖、姓氏宗亲等交流。

2019 年全国“两会”期间，习近平总书记参加福建代表团审议时，再次做出“打造台胞台企登陆第一家园”等一系列重要指示，平潭综合实验区立足于区位特点，着眼“基层一线、青年一代”，深耕“实验田”，当好“摆渡人”，努力在两岸经贸合作畅通、基础设施联通、能源资源互通、行业标准共通方面探索“平潭模式”。

第五节 构建乡村振兴新格局

实施乡村振兴战略，是党的十九大做出的重大决策部署，是决胜全面建成小康社会、全面建设社会主义现代化国家的重大历史任务，是新时代“三农”工作的总抓手。平潭综合实验区成立以来，一直围绕习近平总书记关于“三农”工作的重要论述，按照“产业兴旺、生态宜居、乡风文明、治理有效、生活富裕”的总要求，围绕“一岛两窗三区”战略定位，立足平潭实际，有序推进乡村振兴的战略实施，并取得一系列成果，促进平潭朝着“产业优、机制活、百姓富、生态美”的目标协调发展。为此，实验区党工委、管委会制定《实施乡村振兴战略规划（2018—2022 年）》。2018 年至 2022 年，是实施乡村振兴战略的第一个五年，平潭具有独特的“实验区＋自贸区＋国际旅游岛”三区叠加优势，为乡村振兴注入新的动力，使全区乡村发展进入大变革、大转型的关键时期，获得广阔的发展空间。

为推进乡村发展，按照集聚提升、融入城镇、特色保护、搬迁撤并的思路，实施分类指导、差别化发展策略，建立起城乡统筹协调发展的长效机制。其中，先后纳入中心城区（镇区）统一建设的村庄包括潭城、澳前、北厝、岚城等 8 乡镇的 39 个社区、行政村。在充分尊重村民意愿的前提下，分批次引导村民入住各安置小区。与此同时，涉及 13 个乡镇的 66 个行政村，以要素集聚与质量提升为重点，根据自身优势，挖掘特色资源，集聚人口，提升人气，增添活力，建成宜居宜业的美丽村庄。涉及 9 个乡 11 个自然村，为特色风貌保护类村庄，主要保护自然生态景观及石头厝等。

2018 年，区内启动示范村建设，重点在集聚发展和特色保护类乡镇，当年遴选 23 个示范村，予以精心打造。其中上楼村、大福村、青观顶村、北港村、东美村、孝北村、国彩村、钟门村等，已取得显著成效。与此同时，立足于挖掘自然及文化特色，立足于农村经济基础、地形地貌等实际，考虑资源禀赋、乡土文化等差异，分级推进特色乡村建设。确定国家级传统村落（青观顶村、白沙村、东美村、山门前村）和省级传统村落（北港村、白胜村、青峰村、国彩村）为美丽乡村建设精品村，大埕村、谢厝村、和平村等为美丽乡村建设示范村；苍海村、礵角底村、岱峰村、山边村、湖南村等区位条件优越、经济基础好、村貌条件优良的村庄以及君山风景名胜区、王爷山风景名胜区、石牌洋风景名胜区、坛南湾滨海度假区等村庄为特色村庄。

为推动乡村振兴，实验区党工委、管委会要求各乡镇、各部门统一思想认识，以“五个乡村”建设为目标，即建设产业兴旺的活力乡村、美丽宜居的品质乡村、传承创新的文明乡村、和谐有序的善治乡村、共建共享的殷实乡村，打造出一批具有引领示范效应的乡村振兴试点镇、试点村，实现农村全面小康，真正成为机制活、产业优、农民富、环境美的平潭新农村。

平潭综合实验区自 2018 年开展美丽乡村建设以来，制定了考核及相关办法，已逐步形成基本的工作机制，截至 2018 年 1 月，已建成 40 个美丽乡村；2018 年至 2019 年继续实施并建成 30 个美丽乡村；力争至 2025 年实现全域 150 个美丽乡村的建设目标。

第六节　老区村居建设

新中国成立后，县政府十分重视老区村建设，根据“动员群众，依靠自己力量，政府扶助，适当发动周围群众支援”的扶建指导方针，积极敦促各区、各村帮扶游击根据地及基点村的革命群众解决生产、生活中的难题。1952 年 11 月，成立县革命老根据地建设委员会，专责做好相关工作。在土改反霸和政权建设完成后，通过兴办企业、开辟就业与生活出路，先后开办了苏澳国营造船厂、苏澳海运社、东庠渔场、东澳海带场、标准砂厂、南盘造船厂等，让游击队主要干部分别担任区长、乡长、厂长、指导员、管理员等职务。如苏澳海运社，从社员到船长、管理员都由国彩(伯塘)、民主(玉屿)、先进(土库)、看澳等基点村“五老”人员担任。烈士后代或亲属多安排于国营企业。在互助组、合作化期间，“五老”及子女优先安排入社，与社员同工同酬；村办厂场的五匠工人免收“三金”。

为促进老区村尽快脱贫致富，县民政部门通过普查，为政府的扶建工作提出决策意见、建议，为老区村修桥筑路，凡靠近沿海基点村建渔港、海堤；为兴修水利、兴办学校、修建码头、设置渡轮等拨补资金，使许多扶建项目得以实施。1957 年成立苏澳、东澳渔网社和国彩渔网小组，使有织网技能的“五老”人员得到安置，很大程度上使基点村的剩余劳力有了出路。

“文化大革命”结束后，通过拨乱反正，部分地下党员的冤案得以平反，政治待遇与生活待遇也相应得到解决。1982 年 3 月，重新恢复县老区建设委员会，许多扶建项目得到省市及县委县政府的支持，仅 1982—1990 年，福州市扶建项目就有 65 项(其中无偿 49 项)，先后拨款共达 53.83 万元(其中无偿 19.35 万元)。1991 年省市下达 5.6 万元，扶持民主村养殖花蛤，国彩村、江楼村修建村间道路，以及为大福村架设电线。1993 年，为扶持发展生产及基础设施建设，省市下拨资金 9.5 万元，1994 年再拨 14 万元，在此期间，县财政提供扶建资金 16.5 万元。

进入新世纪后，县民政部门本着“上为中央分忧，下为群众解困”的宗旨，继续做好老区村的建设和“五老”人员的帮扶工作。仅以 2004 年为例，当年为县内 22 个村居争取省市扶建村道项目资金 22 万元，落实“五老”定补政策，发放慰问金 2 万多元；部分“五老”人员子女就学难的问题也得以妥善解决。

平潭实验区成立后，民政部门继续为老区村的脱贫解困尽心尽力，深入老区村落摸底调查，倾听老区村群众的诉求，做好安定稳定的促进工作。其间，针对重点优抚对象和“三属”人员，建立起抚恤标准自然增长机制，确保优抚对象生活水平达到或略高当地群众平均水平。2015 年，为 164 名“五老”人员发放定期补助 114 万元，为

46人次提供医疗援助服务，救助金额2万余元。当年为6个老区村申报6个扶建项目，扶建资金12万元，以解决老区群众用水困难、道路拓宽和路灯改造等问题。2016年继续为老区扶建申报项目2个，扶建资金10万元。针对60名特困“五老”人员及遗孀按每人500元标准发放慰问金，共计发放3万元。2017年为全区52名离休干部（抗日战争时期参加革命工作4人，解放战争时期参加革命工作48人）订阅《福建老年报》，落实生活待遇“两费”保障机制。为77名“五老”人员发放定期补助73.7万元，为41名特困人员发放临时补助1.8万元。当年，分别为先进村、国彩村、屿北村、大坪村、盐田村等下达扶建资金30万元。2018年后，友谊、看澳、国彩、东美、大福等村在“美丽乡村”建设中，由政府拨款用于改善村居环境，以促进旅游业的发展。平潭旅游业大开发以来，民主、看澳、鹤厝安、国彩、大福湾、东美等村被评为美丽乡村，由国家拨款、重点建设。其中，国彩村先后被评为国家级美丽乡村和国家级乡村旅游品牌，并与台湾铁板村缔结为姐妹村。

除区县财政积极扶持老区村的基本建设和解决生产生活上的困难外，自2011年起，积极争取省级对革命老区专项转移支付资金。其中，2011年省级补助150万元，区级自筹343万元，用于老区村的公路及水利设施建设；2012年省级补助200万元，区级自筹182万元，用于部分老区村的村道建设和海堤建设；2013年省级补助200万元，区级自筹175万元，用于部分老区村村道及水利设施建设；2014年省级补助731万元，区级自筹411万元，用于乡村道路新建和老人活动中心建设等；2015年用于改善老区民生项目的总投资达1205万元，其中省级转移支付资金600万元，涉及19个革命老区村；2016年转移支付用于老区村民生事务的资金达1110万元，其中省级600万元，区级自筹510万元，涉及村居23个；2017年15个老区村上报18个建设项目，转移支付资金补助达700多万元。以上项目的实施，体现党和政府对革命老区人民的关怀，为改变老区村的面貌产生积极效果。

大事记
(1933—2020 年)

1933 年

8 月,屿头林学德、林希干等在福清由该县林清城介绍参加地下革命活动。次年 8 月,林学德、林希干、林学龙、林吓仔、林相、王圣德等 6 位同志参加黄孝敏、刘突军在福清建立的工农游击队福清大队。

1934 年

9 月,周裕藩入学福清初中。在进步教师陈聪章、俞建曦的革命思想教育下,开始接触马列主义学说。

1935 年

夏秋,北厝山利村李步云在福州私立协和高级农业职业学校读书时,由陈振芳(程序)介绍入党,并任协职支部委员。他是平潭最早加入中国共产党组织的进步青年。

9 月,东庠陈作雄(常瑞)在厦门双十中学读书时,倾向革命,乃放弃求学到福清参加地下革命活动;在一次革命活动时被捕,被判有期徒刑 7 年。

10 月,工农游击队福清大队整编为"工农红军闽中游击支队",林学德任半脱产的情报组长,林希干任小分队队长。

1936 年

夏,曾焕乾就读于福州英华中学高中部,在校地下党领导下,参加民众夜校活动；后来参加《萤火》刊物的编辑工作。

1937 年

上半年，周裕藩积极参加抗日救国宣传活动，在此期间，经陈聪章老师的引荐，认识了福清地下党领导人余长钺等同志；后来在海口又认识了陈亨源，从此走上了革命道路。同年 6 月，加入中共组织，时年 25 岁。

秋，周裕藩回平潭，以在岚华初中复读三年级为由，开展革命活动。

1938 年

3 月，国共合作组成抗日统一战线，新四军参谋长张云逸到福建交涉，释放了两批政治犯，陈作雄于此时被我党营救出狱。不久，随张云逸到江西南昌，在新四军三支队司令部任参谋。

5 月，大练渔限村杨乃宇通过其妹夫陈亨其，在长乐南阳认识了陈亨源，由陈亨源介绍参加地下活动，后派回平潭秘密开展革命工作。

6 月，原福清游击大队选送部分骨干参加新四军军部特务营，从福州洪山桥开赴皖南前线抗日。平潭先后参加的有林学德、林希干、林学龙、林吓仔、林相、王圣德。

9 月，曾焕乾辍学在家，任教于流水盘团小学，与周裕藩一起，举办农民夜校，以革命道理教育学生和渔农民，传播革命火种；同时组织文艺队宣传抗日救国，开展抗日救亡活动。

1939 年

9 月，曾焕乾就读于当时迁往大田县的集美商业学校；周裕藩奉调长乐，以推广良种为名，进行革命活动。

1940 年

春，陈作雄在皖南繁昌一带与日寇作战，拼刺刀壮烈牺牲。

5 月,进步青年成立平潭五四青年会,选举张纬荣、陈书琴等 9 人组成委员会,开展抗日宣传活动和以反帝反封建为内容的学术研究,并创办《岚声》刊物。

5 月,属闽南特委领导的福清中心县委成立(辖福、长、平 3 县),书记陈亦桂,平潭负责人周裕藩。

7 月,曾焕乾、周裕藩和徐兴祖组织 100 多位以平潭为主的青年学生和社会青年,在大扁岛与福清的硋窑,建立我党领导下的平潭县第一支革命武装抗日游击队。曾焕乾任指挥,周裕藩任副指挥兼队长,徐兴祖任副队长。

12 月,根据陈亨源的指示,在大练渔限村成立自卫队,杨乃良为队长,杨乃秉、杨乃敏为副队长。

1941 年

5 月,周裕藩、曾焕乾等人在南平开办"剑城书店",由曾焕乾负责,林正纪、周季罴相助。资金是周季罴筹措的。"剑城书店"的创办,得到永安改进出版社的大力支持。

6 月 9 日,在流水盘团村成立抗日武装"大富民众自卫团",团长郑谟福,副团长徐兴祖,总负责人周裕藩。

6 月,"大富民众自卫团"在海上歼灭前来大富地区扰乱、抢劫的郑德民部下郑祯道(又名乞食婆)股匪,击毙郑祯道,俘匪 4 人,缴获卜克枪 4 支,曲九 1 支。返航后,直捣郑部的中队长王代明的老巢南井村,击毙王代明等 3 人,缴获日式卜克枪 1 支、步枪 3 支。

8 月,曾焕乾到福清参加抗日活动,发动青年学生参加抗日游击队。

9 月下旬,曾焕乾、周裕藩为了进一步发动群众,号召更多的青年投入抗日斗争,在盘团村召开声势浩大的庆祝抗伪胜利大会,举行提灯示威游行,参加人数达千人。中楼、城关、潭南等地的爱国志士和进步青年林慕曾、郑杰、王韬、李增喜、陈昌荫等 10 多人,闻讯赶来参加。

12 月,曾焕乾到福清参加抗日活动。"剑城书店"受到敌人的怀疑,局势紧张,被迫停办。

12 月,县长罗仲若卸任,林荫任平潭县县长。

1942 年

4 月,长乐发生“江田事件”,黄国璋、陈亨源带 40 人乘船突围,在苏澳海面遭林正乾中队截击,扣留于钟门,有 5 人被杀,其余脱险后转移到大练渔限村,在村自卫队护送下,顺利转移到目屿岛。

5 月,曾焕乾离开集美商业学校,与周裕藩同到长乐壶井和徐兴祖等商议筹建“沿海突击队”。

9 月,中共闽南特委“沿海突击队”在长乐的江田正式成立,队长林慕曾,副队长王韬,指导员周裕藩。

12 月,沿海突击队由特委交通员丁云信带往乌丘岛。后来和特委派往该岛的张国栋、张国强、施章干取得联系,以统战关系的日伪军张天祯部队为掩护,在乌丘岛建立据点,活动在闽江口至乌丘海域。

1943 年

2 月,林慕曾、卓文楠率突击队一部护送盐船,至塘屿海面与郑德民部伪军遭遇,经几小时激战,全歼郑部一个分队,缴获长短枪 20 多支。

3 月,曾焕乾与周裕藩等在塘屿召开沿海突击队骨干会议。为加强沿海突击队的领导,增派郑杰为副队长,又调周述鎏回福清高山以任教为掩护,加强各据点间的联络。

3 月,林慕曾、卓文楠率部分突击队员护送盐船,到莆田湄洲海面,遭到国民党 3 艘武装船只的截击。全体战士沉着应战,集中火力猛击敌力量较弱的一小船,伤敌多名,重创该船。其他两艘敌船见势不妙,急忙逃走。

4 月 1 日,策划到广东南澳缴翁尚功的枪,不料泄密。周裕藩、曾焕乾、林正纪在福清海口以“下海为匪”罪名被捕;曾焕魁、曾焕众、王诚、林实山等在平潭被捕。曾焕众当日被林荫下令枪杀于楼溪。缴翁尚功枪的计划,因之未能实现。不久,在多方交涉下,曾焕乾、周裕藩、林正纪、曾焕魁、王诚、林实山等被捕人员,先后获释。

5月,林慕曾派卓凤惠带领一小分队到长乐松下接收保安团一部起义,因借船被青峰刘雪弟发觉,密告林荫。林荫派韩祯琪带一自卫中队来“围剿”。在北冰屿附近海面激战,因敌强我弱,除3人跳海逃脱外,卓凤惠等10多人牺牲。同时损失长短枪10支。

5月,沿海突击队遭驻在乌丘岛的日伪福建“和平救国军”第二路司令张逸舟部支队长谢鸣岐的突然袭击,我方牺牲2人,被捕30多人,枪支被缴。队长林慕曾与副队长王韬、郑杰、卓文楠冒生命危险与有统战关系的张天祯交涉。谢鸣岐迫于压力,无条件释放被俘人员,退还武器。

8月,中共福(福清)长(长乐)平(平潭)海口特区在福清海口正式成立,特区书记周裕藩。

8月,“福长平抗日游击队”在福州鼓山成立。

9月,曾焕乾考取协和大学农经系,在校秘密组织读书小组并办壁报《笔会》,传播革命思想。

9月,林慕曾派施修寿、卓凤平带领10多人护送盐船到塘(草)屿,卓凤平带数名队员叛变投敌。

10月,沿海突击队派陈年泰带领交通船到福清青岐运粮。返航时遇风,船漂到莆田东藩,遭莆田自卫队袭击,除陈年泰1人逃生外,罗官赐等4人牺牲。

11月,林慕曾派林我德回平潭,一方面侦察敌情,做好部队转移至平潭岛活动的准备工作;一方面到流水盘团等地联系运粮事宜。林我德回家第二天,不幸被平潭县自卫队抓捕枪杀。

1944年

1月,为了把屿头岛开辟为沿海突击队的后备基地,林慕曾派林斌、吴聿静到屿头建立两面政权的屿头乡公所。杨乃佑为乡长,林斌为副乡长。

5月,洪通今、陈书琴、陈孝仁、杨建福、林祖耀、念克谦等12位青年组成球队，名为“紫电队”。后又发展刘道安等12人，全队共24人组成，成为青年活跃分子组织，引起各方的注意。曾焕乾很注意这批青年的动向，嘱施修莪回岚，通过洪通令做这批青年人的思想工作，很快就把这些人争取过来。

6月，杨乃佑调往松下，以医生为掩护建立联络站，张奇民接任屿头乡长。

6月，紫电队骨干接受曾焕乾指示，大部分参加“三青团战时服务队”，以合法身份开展活动，打击林荫一伙的不法行为。

8月，建立大富片与盘团片两个党小组，分别由徐凤祥与魏思达负责。这两个党小组是平潭最早的党组织。

9月，国民党驻屿头岛蔡良连队派兵抓捕吴聿静，吴聿静击倒来抓捕的3名士兵后，在群众掩护下得以逃脱。

10月，福州第二次沦陷，曾焕乾派林正纪到黄花岗学校，通知林正光、林中长、施修莪等人，都不可回平潭，应随学校迁到永泰葛岭，继续进行革命活动。

10月，周裕藩、林慕曾等奉闽中特委命令，集中原沿海突击队部分队员，在长乐壶井组成“抗日游击队”到福州鼓山活动，成立闽江下游抗日游击队（又称鼓山游击队），周裕藩任队长兼政委，原国民党海军少校陈魁梧（平潭人）任游击队指挥官。

10月，林慕曾领导的抗日游击队交通船到目屿岛接运突击队员，遭敌机扫射，林素远和王朱弟两位船长牺牲。

11月，鼓山游击队在海上打击1艘日寇的运粮船，打死1名日本兵，枪决1名汉奸，运走船上粮食。不久，日寇突然包围鼓山廨院的两个寺，抓走尤崇太等8位同志。除何先华（平潭人）在押送途中逃脱之外，其余全被日寇杀害于福州。

1945年

1月中旬，周裕藩奉命恢复“沿海突击队”。闽中党派王其珠、周述銮来到壶井，加强突击队领导。不久，第一批突击队骨干10人，由周裕藩、林慕曾带领进驻长乐东洛岛，并护送集结在壶井的40

艘运年货的平潭商船出港。

1 月 31 日,由于平潭商船有人告密,林荫派自卫队两个分队进剿东洛岛。在周裕藩、林慕曾指挥下,经一个多小时的激战,打坏敌船一艘,另一艘逃走。虏敌分队长谭龙标及敌兵 10 多人,缴获敌人机枪 1 挺、步枪 10 多支、卜克枪 1 支,手榴弹、子弹数箱。数日后,由于稍失戒备,俘虏勾结渔霸罗乌哥,假献殷勤,乘周等不备时,10 多个俘虏突然暴动。因寡不敌众,周裕藩当场牺牲,队长林慕曾等 8 人被捕。2 月 7 日,林慕曾、李增喜、洪剑生 3 人在县城被斩首。

5 月,因东洛岛事件被捕的周述銮等 5 位同志,经闽中党派林伯荣通过统战关系营救,获得释放。

5 月,何胥陶、刘家煌带 40 余名游击队员,到平潭苏澳隐蔽休整。在苏澳休整 10 多天后,遭林荫部队突然袭击,游击队员全部被捕。不久,何胥陶等 11 人被害于福清。

7 月,曾焕乾回到平潭,到盘团村了解周裕藩牺牲详情。

10 月,闽江工委下设学生工作委员会,书记曾焕乾,组织委员何友于,宣传委员何友礼。为了筹集革命活动经费,曾焕乾派王韬等到台湾筹办商行。

11 月,曾焕乾与吴秉瑜、翁绳金商讨组织"平潭旅外同学奔涛学术研究会"。

12 月,曾焕乾派吴秉瑜率领一部分旅外学生回平潭为建立"平潭旅外同学奔涛学术研究会"募捐。

12 月,王韬等在台湾基隆开设福兴商行。为加强领导,曾焕乾派徐兴祖前往台湾,任商行负责人,以经商为掩护,一面为党筹集经费,一面开展革命活动。该商行成为闽江工委重要的经济来源之一。

1946 年

2 月,曾焕乾派郑杰前往台湾,与徐兴祖、王韬、王孝桐等联系,了解商行有关状况。

2 月,"平潭旅外同学奔涛学术研究会"在福州三民中学召开成立大会，林从建任会长，陈东南任副会长。

3月，曾焕乾经李铁同意在福州创办地下书店，由郑公盾与潘文凤负责。大批进步书刊秘密向各大学图书馆、社科研究所、省立图书馆等单位推销。

6月，为响应开辟敌后战场的号召，曾焕乾派林中长、施修莪回平潭，以任教为掩护，以大福村为基点发展党员、建立武装，使大福村成为地下党进出平潭的安全澳口。

6月，在霞屿成立"公益促进会"，经曾焕乾同意，推荐施修莪任主席，以合法身份开展革命活动。

6月，为打通平潭到福清、福州的交通线，林正光前往福清与何本善等一起在高山宣传革命道理，发动、组织群众，发展党员，建立革命活动联络点。

7月，曾焕乾在鼓山两次通过洪通今约见平潭紫电篮球队的核心成员陈孝仁、杨建福、林祖耀、念克谦和陈书琴，对他们进行形势任务和党的知识、党的纪律教育，使"紫电队"成为党的可靠的一个外围组织。

8月，吴秉瑜、杨尊文参加省委机关在南平举办的培训班。

9月，为开展武装斗争，曾焕乾在福州大桥小船上召开"紫电队"党员会议，决定以"紫电"两艘商船和现有武器装备（机枪1挺、步枪8支、卜克枪3支、其他短枪3支和1箱手榴弹），以及30多名队员组成"海上游击队"，任命陈书琴为队长，洪通今为政委。其他党员回平潭隐蔽活动，打入林荫内部，掌握武装。

9月，曾焕乾策划在赣南发动武装起义，经省委同意，派杨尊文前往江西，与在赣国民党部队任职的郑克立联系，在郑的安排下，以报社编辑为掩护进行策反工作。

10月，曾焕乾计划在平潭搞武装暴动，得到上级批准。闽江工委派吴秉瑜回平潭，任平潭县工委书记，加强武装暴动领导。

10月，张纬荣、陈书琴、林达仁等人在县商会发起成立以学术研究为宗旨的群众组织"星期会会"，开展革命活动。创办《海声报》，公演话剧《阿Q正传》，得到群众好评。（1947年2月被取缔）。

12 月,曾焕乾与施修莪经过精心策划组织,运走平潭寄存在福州福清会馆由陈宜福保管的救济总署一批药品。

1947 年

1 月,吴秉瑜在玉屿村首批发展 4 名党员和筹建一支武装队伍。

1 月,林正光、施修莪等在福清龙田、高山,邱子芳在琯口,王重清在东张一带,发动群众,建立联络点,组织武装队伍,打通了从平潭经高山、龙田、东张、琯口北上福州的交通线。

2 月,中共闽浙赣区党委城工部在龙山(闽侯桐口)召开会议,决定开辟第二战场,发动民变兵变,并成立军事组织闽浙赣地下军司令部,曾焕乾任副司令兼闽海纵队司令、政委。

2 月,武装暴动正待机举行时,海上游击队未经上级批准,在县城码头夺取国民党船上枪支,引起县长林荫警觉,中共闽江工委决定平潭武装暴动暂缓举行。

2 月,城工部下设闽江工委,曾焕乾任书记。

2 月,成立玉屿党支部,书记吴聿静。

3 月,曾焕乾、张纬荣在福州利用汽车公司职工殴打省福高学生的事件,发动组织平潭学生声援省福高,掀起学潮。在全市学生支援下,迫使国民党当局答应学生的要求。

3 月,为了加强平潭武装暴动的组织领导,成立福长平工委,书记陈世明。

3 月,台湾福兴商行停办。另开设震球商行,高飞任经理,继续为党筹集经费。

5 月,曾焕乾派郑杰前往台湾,配合徐兴祖筹措经费。为加强筹措经费的领导,成立党支部,郑杰为书记,徐兴祖为副书记。

5 月,陈振华在福清被捕叛变,导致吴秉瑜、丁敬礼被捕,灵石山据点随之暴露。

5 月,县长林荫协同省保安团胡季宽部在平潭县大肆逮捕共产党员、进步青年及社会人士,中共平潭工委遭到严重破坏。

7 月,丁敬礼和参与林埔调粮的李德金一起,被活埋于莆田小北垱。

9月,翁绳金、徐兴祖、高飞等撤回福州,台湾震球商行关闭。

9月,建立三都工委,翁强吾为书记。

10月,省委高湖会议之后,曾焕乾任闽北地委常委兼城工部部长。同月,林正光在福州被捕。

10月,闽古林罗连五县中心县委成立,林白任书记,徐兴祖、翁绳金、郑杰任委员。

12月,翁绳金任连江工委书记,徐兴祖任闽连罗边区(亦叫小北)工委书记,郑杰任东岭工委书记。

1948年

1月,城工部在福州召开总结学习会议,决定福清、平潭城工部归福州市委领导。经张纬荣请示孙道华后,派高飞、吴兆英、曹于芳、林奇峰回平潭成立4个区委。高飞任潭西、吴兆英任潭北、曹于芳任潭东、林奇峰任潭中区委书记。

2月,高飞、张纬荣、吴兆英、吴秉熙、吴聿静等在玉屿、看澳、土库、伯塘、江楼、康安、下鹤厝、当盛等10多个自然村发展组织,建立武工队,开辟游击区。

4月,闽浙赣区党委因区党委常委阮英平失踪遇害,将警卫员陈书琴(受省委城工部指派)当作凶手处死;并错误地据此断定城工部是特务组织,在省委机关处死了部长李铁等12人,同时下令各地、市捕杀城工部骨干。5月,因“城工部事件”,曾焕乾、洪通今被错杀。

4月,翁强吾任连江县委副书记。

7月,林荫指使国民党一连保安队清剿看澳武工队据点,在看澳群众掩护、土库游击队配合下,高飞、吴兆英带领看澳武工队员安全转移到土库村,保住了武装力量。

7月,林正光由黄花岗中学校长林素园先生出面保外就医,随后由福长平中心县委组织部副部长林坡护送到马尾医院治疗,林坡还将马江支部交由林正光代为领导。

8月,平潭武工队在伯塘吴红叔船上成立,队员9名,由吴兆英带领往福州接受城工部副部长林白部署的筹措经费的任务。

8月,连江成立连罗游击队,翁绳金任政委兼总队长,翁强吾任副总队长。

9月,五县中心县委魁岐会议决定,成立“平潭人民游击队”,队长高飞,政委张纬荣,副队长吴兆英。

10月,在看澳澳口马祖庙举行平潭游击队成立大会。

1949年

2月,平潭人民游击队从原来100多人发展到300多人,改称平潭人民游击支队。支队长高飞,政治主任张纬荣,副政治主任兼副支队长吴兆英,吴秉熙为副支队长。在玉屿、看澳、土库地区建立革命根据地,支队部设在玉屿村。

2月,林正乾和连江县的一个米商联运一批约1.5吨大米的船,停靠在苏澳澳口。吴兆英带领10名游击队员化装成渔民,在吴秉熙等游击队员的掩护下,不费一枪一弹把船开回根据地。

4月,因“城工部事件”,林斌被错杀于长乐首祉溪;在福清的城工部骨干杨清琪、曹于芳、林位恩、刘子辉相继被错杀。

5月1日,高飞、吴秉熙带领游击队员,突袭林荫的小舅子高尚民在江楼的家,缴获全部武器。

5月3日,张纬荣带领陈孝义、吴吉祥、吴孟良等人到县城检查内线工作的落实情况,在乘船回根据地途中与敌巡逻船相遇,张纬荣跳船时不慎脚伤被捕。

5月5日,高飞、吴兆英、吴秉熙率领游击支队主力117名队员,带30多支步枪,10多支短枪,1支冲锋枪,每人配备1把大刀,向县城挺进。午夜,攻城的游击队员出其不意包围敌人的3个据点。40名“敢死队”队员在队长吴国彩带领下冲进“中正堂”,消灭堂内敌人武装力量,接着经过2个多小时的战斗,县城解放。

5月6日,游击支队为防备林荫向革命根据地偷袭,决定暂时放弃县城,撤回根据地防卫。

5月7日，游击支队在特务连挑选16名队员，配备轻重机枪，由高名山指挥，潜伏渔船前往娘宫，巧袭流氓土匪林起栋、肖善清的2艘汽艇。击毙肖善清，缴获汽艇“海驹号”。

5月13日，经中共闽中司令部党委批准，成立“平潭县人民政府”，高飞任县长。

7月2日，平潭人民游击支队主力150多人撤离平潭。次日，国民党73军等10000余人退据平潭。

7月7日，平潭人民游击支队主力参加福清莱安战斗，取得胜利，受到闽中司令部嘉奖。

7月9日，平潭人民游击支队奉命开往莆田大洋闽中司令部集中，编为闽中第一团队第三大队。大队长高飞，副大队长吴兆英。

7月12日，高飞、吴秉熙率领一队游击队员开赴永泰，与永泰游击队在大洋地区，经3天4夜的战斗，击溃了永泰保安队徐国财部，智夺洋尾寨，俘敌30多人，缴获一批武器弹药。

7月，73军和天九部队派兵进驻伯塘(国彩村)等村，对革命群众进行残酷镇压。

9月15日，20时30分，中国人民解放军第十兵团28军在游击队的配合和群众的支持下，对海坛岛发起总攻。

9月16日，中国人民解放军第十兵团28军244团、245团于3时半从平潭南边的钱便澳一带登陆；250团和247团由平潭西面的苏澳、罗澳登陆；尔后250团与244团、245团在城关会师。247团登陆后负责荡平桃花寨与青峰岭一线之敌并追击逃往流水之敌。当日，除东庠一小岛外，平潭解放。

9月17日，250团攻克东庠，平潭全境解放。是役共毙伤敌125名；俘敌7734名，迫敌投诚273名，共俘8132名；缴获敌人全部武器装备及战备物资。同日，国民党部队残兵300多人在东庠葫芦澳夺船逃命，船老大欧阿辉在海上搞翻木帆船，淹死国民党官兵230多人，欧阿辉同时牺牲。后来，省政府追认他为革命烈士。

9月下旬，成立“中共平潭县委”，第一任县委书记李俞平。县委隶属于中共福建省第四地方委员会(1949年11月改称为闽侯地委)。

9月23日,县委书记李俞平主持召开南下干部和地方干部会师大会,宣布成立“平潭县人民政府”。第一任县长宋秋成,副县长高飞。政府工作机构:公安、建设、教育、民政、财粮、司法等科局随之相继成立。3个区与1个镇的党政机关亦相继成立。

10月1日,中华人民共和国成立,我县党政军及各界人民联合召开隆重庆祝大会。

10月下旬,全县动员船只200多艘、船工1200多人,支援解放金门。在解放金门战斗中,我县支前船工和游击队员牺牲18人。

1950年

2月17日,农历正月初一,天色微明,平潭“大刀会”煽动会徒1000多名,以向解放军拜年为名,分兵3路袭击官井、后田、城关3处驻军。当场杀死解放军15名,杀伤34名。在此情况下,解放军予以反击,击毙“大刀会”暴徒76名,击伤47名,迅速平息了“大刀会”武装暴乱。

3月,经中央人民政府批准追认周裕藩为革命烈士,并将其故乡命名为裕藩乡。

4月,原地下党员徐兴昌、欧秉发等发动群众入股,建立全县第一个合作社,称为“裕藩合作社”。1953年收为县办集体经营。

6月,召开第二次(扩大)干部会议,部署生产度荒的方针任务,争取不饿死一个人,并在部分地区完成土地改革的准备工作。

6月,全县93个保,479个村,划定为40个乡1个镇;其中:一区11个乡,二区10个乡,三区14个乡,四区5个乡和潭城镇。

8月4日,县委制定《平潭县渔区划分阶级成分若干规定》,为我县渔区土改提供政策依据。

8月中旬,召开区长、区委书记及县科股长以上干部会议,动员部署整风运动。

12月6日,县委决定在二区的敖东(农业地区)和芬尾(渔业地区)两乡进行土地改革的试点工作,时间2个月,由县委直接领导。

12月,县区两级政府分别召开支前船工复员庆功大会。在解放平潭、厦门、金门战斗中，县支前船队共损失大小船只118艘，船员伤亡136人。

1951年

5月，全县行政区域重新划分为5个区。一区驻地后旺久，辖11个乡；二区驻地北厝，辖11个乡；三区驻地苏澳，辖9个乡；四区驻地潭城，辖7个乡；五区驻地官井，辖6个乡。

6月10日，成立“抗美援朝委员会平潭分会”全县数万人参加和平签名活动。群众纷纷捐献金银器皿和首饰，支援抗美援朝。

7月26日，召开土改工作扩干会，县委书记韩陵甫做“关于平潭土改问题”报告，部署土改工作，前后历时17天。

1952年

1月，县直机关开展“反对贪污、反对浪费、反对官僚主义”的“三反”运动。至5月结束，参加运动的有404人。

3月，魏刚昌渔业互助组在潭东乡岭前村成立，为全县第一个渔业互助组；陈家瑞农业互助组在中湖乡六楼村成立，为全县第一个农业互助组。

5月，县工商界开展“五反”(反行贿、反偷漏税、反盗骗国家财产、反偷工减料、反盗窃国家经济情报)运动。

11月，成立县革命老根据地建设委员会。

12月5日，召开第二届第一次县各界人民代表会议，出席代表203人。选举县人民政府委员和人大常务委员会委员；选出县长马林仁和政府委员23名。选出人大常务委员会主席张子玉，副主席马林仁、陈书坊和18名常务委员。

1953年

3月25日，魏刚昌在渔业生产互助组基础上成立平潭第一个初级渔业生产合作社；苏澳乡深坑底村吴正英第一个办农业初级社。

11月17日，召开县委扩大会议。县委书记张子玉传达党在过渡时期的总路线、总任务及省委、地委关于统购粮食的决议。县长马林仁做关于《县委实行统购统销粮食方案(草案)》的报告。

12月16日,召开海防工作会议,传达省海防会议精神,检查总结解放3年来海防工作;同时检查总结土改、镇反、发展渔业生产等项工作。

1954年

3月,贯彻中共中央《关于发展生产合作社的决议》,县内试办10个农业生产合作社,6个渔业生产合作社。

8月,成立"对私改造办公室",开始对私营工商业全面进行社会主义改造。

12月,县内全年创办农业生产合作社137个,常年互助组338个,临时互助组665个;创办渔业生产合作社40个,中级组141个,初级组175个。

1955年

6月5日,开始整顿合作社。首批整顿农业社70个,渔业社19个。全县共发展农业社164个4012户,占总农户23.18%;渔业社46个1506户,占渔业总户数21.64%。

10月,毛泽东主编的《中国农村的社会主义高潮》一书发行,全县掀起入社高潮,渔业初级社由46个发展到155个,入社户数从1593户增到5180户,占总渔户的60.5%;农业初级社从180个发展到411个,入社农户发展到11358户,占全县总农户的64.04%。

11月,试办渔业高级生产合作社与农业高级生产合作社,分别是东澳乡的前星社和民主乡的民协社。

同年,吴兆英荣获国务院颁发的解放勋章。

1956年

1月18日,召开县区乡三级扩干会,传达学习《中央政治局关于全国农业发展纲要》和县委《关于开展空前规模渔农业生产合作运动的报告》及《对私改造和团结改造知识分子问题的报告》。

3 月，成立“平潭县公路修建委员会”，组织全县民工 14500 名、桥涵技工 301 名、驻军工兵 1 个营，以县城为中心，开始修建通往娘宫、苏澳、伯塘(国彩)、流水、观音澳、芬尾等地的主干公路。

6 月，在苏澳成立“平潭县木帆船运输合作社”，由全县 111 艘木帆船组成，后为“平潭县海运公司”。

12 月，中共中央为福建省委“城工部”平反，追认因“城工部”事件被错杀的工作人员为革命烈士，我县曾焕乾等 11 位同志被追认为革命烈士。

1957 年

5 月 18 日，召开县委扩大会议，由地委吕院长传达了地委整风运动计划草案，并学习讨论了省委整风运动的计划要点。这次会议对整风的步骤做出具体安排：先从县级机关开始，第一步学习文件，定一个半月时间；第二步检查，也定一个半月时间；第三步总结，时间半个月。

5 月，县委召开复员军人代表会议，历时 6 天。

7 月上旬，在全县中小学教师中，开展轰轰烈烈的反右派斗争。

8 月中旬，在反右派斗争进入高潮时，把复员军人会议说成是有步骤、有纲领、有目的地向党进攻，企图搞垮我县各级领导，把不少人打成右派或中右，是平潭反右中最大的一起冤案。吴秉熙被定为“极右分子”“历史反革命”而被错判死刑，关押 7 年后平反。

同年，开展反右斗争以来，全县被打成右派的共 78 人，其中判刑的 3 人(全系地下党员)，劳教 23 人。

同年，吴翊成荣获国务院颁发的解放奖章。

1958 年

3 月 11 日，召开中共平潭县第一届委员会第二次会议，传达贯彻省党代会精神，研究制定我县生产全面“大跃进”工作。

4 月，全县撤区并乡，分 15 个乡 1 个镇。分别为湖西乡、敖东乡、芬尾乡、塘屿乡、草屿乡、潭东乡、苏澳乡、国彩乡、平原乡、屿头乡、大练乡、中楼乡、君山乡、流水乡、东庠乡和潭城镇。

5 月,县委创办《平潭人民》报,主编刘益泉,1961 年 2 月停刊。

8 月,成立平潭县人民公社,下辖潭城、流水、苏澳、敖东 4 个分社。

9 月,全县开展“全民大炼钢铁”运动,建炼铁炉 90 个,炼出的多是废品。不久,下马停产。

10 月,实行全民皆兵。全县组建 1 个民兵师,辖 6 个团,55 个营,368 个连,1098 个排,50550 人,占总人口 35.3%。其中基干民兵 25958 人。

1959 年

2 月 2 日,流水民兵护渔船在牛山渔场护渔时遭国民党“63”号炮艇袭击,人民海军及时驰援,并击沉该艇,俘获敌官兵 12 名,击毙 11 名。

11 月 15 日,召开县直机关支部书记会议,学习贯彻地委、县委关于当前机关开展反右倾整风指示精神。

1960 年

6 月,县委成立“三反”领导小组,在农村开展新“三反”(反贪污、反浪费、反官僚主义)运动。

12 月,省、地派来工作队开展“反五风”(反共产风、反浮夸风、反瞎指挥风、反一平二调风、反强迫命令风)、“夺五权”(夺党权、夺政权、夺兵权、夺财权、夺粮权)整风整社运动。

1961 年

2 月 27 日,我县人民公社体制由原来的全县 1 个公社改为 4 个分社(平原、流水、潭城、敖东),后分社改称公社。

8 月 2 日,召开备战动员大会,部署支前备战工作。成立“县支前备战指挥部”,分设办公室和武装保卫、社会治安、组织人事、物资供应、交通、民力调配、宣传教育等7个处。

1962年

6月，海峡两岸战争气氛紧张，国民党企图侵犯大陆。在政府发动组织下，做好疏散物资与机关家属的工作。城关人口疏散30%，这是解放以来规模最大的一次备战。

10月12日，竹屿口围海工程全部竣工。竹屿口港养工程是平潭兴建最早的大型围海工程。港内面积21平方公里，堤坝全长1190米，平均高度21.2米，堤宽最大100米，堤面平均宽8米。工程历时3年，共投入军、民、船、石工达100万工，挖填土石方200多万立方；工程民办公助，总投资384.5万元。

12月，为贯彻中共中央“精简职工，减少城镇人口”的要求，我县下放1859名劳力到农村，减少城镇人口1360名，减少吃商品粮人口914名，下放干部206名。

1963年

9月，全国沿海海防工作会议在我县举行，总参、总政领导罗瑞卿、张爱萍、梁必业，海军东海舰队司令员陶勇等出席会议，时任县委书记白怀成在会上汇报了平潭县海防工作情况。

1964年

8月，在县第五届人大会二次会议上，吴兆英补选为副县长。

是年，时任县委第一书记白怀成(1915—1990)领导全县人民开展为期3年的大造林运动。至1966年，全县森林面积从解放初期的1000公顷增至6234.7公顷，森林覆盖率从0.3%提高到20.8%；全县长期遭受风沙灾害的4670多公顷沙荒，有2800公顷成为林地，1533.3公顷沙荒改成耕地，海岛防护林体系建设初具规模，全县生态环境得到初步改善。

1965年

3月12日,各公社先后召开三级扩干会,传达贯彻省贫下中农代表会议精神。参加会议的各公社干部、大队与生产队干部、贫下中农代表,共计5600多名。全县掀起以“四清”(清政治、清经济、清组织、清思想)为内容的社会主义教育运动。

8月,本县698户3623人迁到永泰县落户。

11月14日,国民党海军“永昌号”“永泰号”军舰窜入我崇武海域,平潭海军“猛虎艇”率10多艘舰艇(其中县交通船队“东海101号”客船与县海运公司“103号”“105号”货船参加负责运输任务)迎击。经几小时激烈战斗,取得击沉“永昌号”、重创“永泰号”、毙敌82人、俘敌30多人的辉煌战绩。县交通船队“东海101”号客轮和县海运公司的“东海103”“东海105”号货船荣立集体三等功。

1966年

6月5日,召开县委常委会议,学习毛主席有关无产阶级“文化大革命”的论述和中共中央通知精神。“文化大革命”首先在中小学开展,学校停课,小学教师集中在平潭一中批斗“走资派”,揪“牛鬼蛇神”。

7月13日,县委集中全县中、小学教师和宣教、卫生干部,分4片开办“四大”(大鸣、大放、大字报、大辩论)学习班。

8月27日,红卫兵开始从城镇到农村大扫“四旧”,毁坏了不少文物。据不完全统计,烧毁古籍4080多部,烧毁字画无数,拆除大小庙宇23座。

1967年

1月,群众组织“平潭县老区反修战斗团”成立。

2月,中国人民解放军驻岛部队介入地方,执行支左、支工、支农和军管、军训的“三支两军”任务。

5月5日,群众组织“5·5勤务组”宣告成立。

5月7日，群众组织“5·7勤务组”宣告成立。

7月，成立“中国人民解放军平潭县军事管制委员会”，对全县实行军事管制。

1968年

2月，“5·5”“5·7”两大派群众组织，遵照毛主席有关批示精神，双方武器由支左部队收缴。

10月，在全县范围内清理阶级队伍，挂牌游街、批斗、监禁所谓的“走资派”“反动学术权威”“牛鬼蛇神”，迫使100多名干部群众纷纷逃往外地。

1969年

6月，开始整党建党。全县有3316名党员重新登记恢复组织生活，占参加整党党员人数的86.5%。

8月，经省地革命委员会批准，驻军党委决定，平潭两大派毛泽东思想学习班在闽侯县南屿中学举办。参加的有党、政、群团组织，以及政法系统、文教系统等，共计500多人，分为4个连队，历时7个月。

1970年

1月，为响应毛主席“深挖洞、广积粮、不称霸”的号召，全县共挖筑防空坑道735条(其中石质40条)9573米，可容纳19146人；地道268条2288米，可容纳4576人；地下室24个384米，可容纳768人；防空壕68条2634米，可容纳2634人；防空洞4499个，可容纳37373人；单人掩体2140个，可容纳2140人；坚固建筑物67座1394米，可容纳2788人，共计能容纳69425人，占全县总人数45.10%。

5月17日，召开欢送知识青年上山下乡大会，首批207名知青到芦洋、红心农场参加劳动锻炼，接受贫下中农再教育；同时动员城镇居民250户到各农场落户。

8月,火烧港围海筑堤工程开工建设。海堤总长1409米,围海面积7.29平方公里,总投资566万元。

1971年

7月,闽侯专署撤销,成立莆田地区。我县划归莆田地区管辖。

9月19日,召开县委工作会议,传达省委工作会议精神,学习省委《关于贯彻党的农村经济政策若干问题的规定(草案)》,部署农村工作和有关政策的贯彻问题。

1972年

7月,全县定案工作结束。2460名干部,实行定职定位;恢复工作2430名,其中地(区)管干部92名,县管干部91名,股级干部306名,一般干部194名,大队正副支书、大队长346名。

9月4日,召开县委扩干会,传达中央"批林整风"会议精神,深刻批判林彪反党集团的反革命罪行。

1973年

7月20日,在县直机关、企事业单位开展"批修整风"学习活动,有33个单位、1500多名干部与职工参加。

12月,在县城西侧洋潮屿山上建成"革命烈士陵园",占地面积2.7万平方米。园中建纪念碑,碑身高10米,刻有"革命烈士永垂不朽",碑座高20米。1988年列为县级文物保护单位。

1974年

1月29日,召开平潭县贫协会第二次代表大会,选举贫协主任林学德。

9月,恢复民兵师编制,成立"平潭县民兵指挥部"。全县组建1个师,12个公社组建12个团,县城附近3个公社组建1个县属武装基干民兵营、1个直属通讯连。全县160个大队和27个县直单位共组建164个营,239个连,1542个排,渔民民兵以船为单位编47

个连。

1975 年

7 月，县委举办无产阶级理论学习班，历时 6 个月；县直机关和企事业单位干部、职工和部分公社干部约 1000 多人参加学习班。

12 月，动工修建城关东大街街道，全长 1640 米，宽 24 米，总面积 39360 平方米，路面采用方形花岗岩石块铺设，总投资 60 万元。

12 月，火烧港盐场正式投产。

1976 年

2 月 8 日，召开县委三级扩干会，开展“批邓”“反击右倾翻案风”运动。

5 月 9 日，县委召开全县广播大会，向全县共产党员、广大干部群众发出号召，深入“批邓”反击“右倾翻案风”，大力追查反革命。

9 月 18 日，在县影剧院前布置大型灵堂，隆重举行追悼会，沉痛悼念毛泽东主席，有 10000 多名各界代表参加悼念仪式，全民沉浸在无比悲痛之中。

10 月，党中央粉碎江青、王洪文、张春桥、姚文元“四人帮”反党集团。消息传来，全民欢腾，机关单位主动燃放鞭炮；在县城举行盛大的游行集会，庆祝这一历史性时刻。

1977 年

1 月 3 日，开始打捞第二次世界大战期间沉没在平潭海域的日本“阿波丸”号货船，代号为“7713 工程”。打捞任务由北海舰队负责，历时 3 年，从沉船中打捞起大量锡锭、橡胶、银、水银等物资和大批死者骨骸。遗骸由中国红十字会代表中国政府陆续移交给日本政府。

1 月 17 日，县委召开四级扩干会，传达贯彻第二次全国农业学大寨会议精神，研究部署迅速掀起揭发、批判、清查“四人帮”和农业学大寨、普及大寨县运动的新高潮。

7 月 23 日，县委在县灯光球场召开庆祝党的十届三中全会关于恢复邓小平职务及永远开除王洪文、张春桥、江青、姚文元党籍的决议发表大会；全县 5000 多军民参加大会并向全县做实况广播，会后举行庆祝游行。

12 月，全国恢复高考制度，福建省实行统一命题考试。全县报名参加考试 1700 多人，被录取入大专院校 316 人。

1978 年

6 月，省水利厅批准筹建平潭县幸福洋围垦工程。

10 月，根据中共中央（1978）55 号文件《关于全部摘掉右派帽子决定实施方案》和对错划右派的要坚决纠正的指示，县委成立“摘帽办”。

11 月 20 日，县委召开扩干会，贯彻“以粮为纲，全面发展”方针，部署加速发展多种经营和社队企业。

1979 年

2 月 4 日，县委召开三级干部会议，传达学习党的十一届三中全会精神，研究部署我县工作重点转移问题。

3 月，动工兴建幸福洋围垦工程。于 1981 年 11 月中旬竣工。

12 月，全县共纠正错划右派 49 名。

1980 年

3 月 5 日，县委隆重举行科研成果颁奖大会，对新中国成立以来我县 87 项科研成果予以奖励，颁发一等奖 12 项，二等奖 15 项，三等奖 23 项，四等奖 37 项。

9 月，中共中央（1980）75 号文件发布，允许在边远山区和贫困落后地区实行包产到户，我县农村闻风而动，实行包产到户。

12 月 12 日，召开县第八届人民代表大会第一次会议，出席代表 344 名，列席代表 56 名。会议听取和审议“一府两院”工作报告，审查并批准《平潭县 1979 年财政决算和 1980 年财政预算（草案）的报告》，会议决定撤销县革命委员会，恢复县人民政府，成立县人民代表大会常务委员会，并首次进行差额选举。选举宋祥春为主任，高诚春、林正英、杨锦钿（女）为副主任；选举县人大常务委员会委员19名；选举蒋宝璋为县长，林光樽、郭章彩、高纯铎、陈以敏为副县长；陈荣当选县人民法院院长，郑祯杰当选县人民检察院检察长。

12月11日，召开县政协第一届委员会全体会议，成立“中国人民政治协商会议平潭县委员会”，选举高名标为主席，吴家伦、张翠娇为副主席。

1981年

1月，我县农村全面实行家庭联产承包责任制，生产队的土地按人口分给各户耕种。

同年，全县共平反纠正历史旧案70件，改正“右派”57件，“中右”56件，“不纯”63件，“文化大革命”错案110件；调整工种、归队27人；发给补偿工资或一次性困难补助11591元。

1982年

2月，中央确定平潭县为全国60个义务植树试点县（市）之一。同时省人民政府确定福州、厦门、平潭、龙海为省造林绿化重点市县。全县开展大规模义务植树和城市绿化活动，全县共义务植树52.82万株。

3月，重新恢复县老区建设委员会。

5月，幸福洋垦区首次大面积试养中国对虾500亩，获得成功。

7月27日，召开全县信访工作会议，总结我县3年来信访工作的成果。3年来，我县共收到人民来信3346件（重复475件），实际来信2871件，受理2537件，尚未处理334件。平反冤假错案361件。同时还受理历史遗留的案件254件，已复查200件，纠正68人；77名“右派”得到平反，120名被错划为“中右”“右倾”的同志得到纠正。

9月，“知青”办公室撤销。几年来全县共建13个独立核算的知青场,9 个知青点,先后安置上山下乡知青 1634 名。

12 月 11 日,召开正确处理地下党问题座谈会,县委书记潘长恒做重要讲话。

1983 年

2 月 1 日,省地老区慰问团来岚慰问老区人民。

6 月 1 日,平潭县划归福州市管辖。

1984 年

2 月,中央绿化委员会授予平潭县为“全国全民义务植树先进单位”。

5 月 28 日,县委书记蒋宝璋主持召开县委常委会议,传达中央、省、市关于地下党问题的解决方案,研究贯彻意见。

7 月 8 日,由国家科委、能源研究会、海洋局、水电部、机械部及闽、浙两省有关人员组成的国家新能源考察团一行 32 人,来岚考察海洋能、风能资源,确定平潭县为新能源开发实验场。

9 月,全县进行体制改革,各人民公社一律改为乡或镇建制,取消人民公社管理委员会,成立乡镇人民政府;大队一律改为村委会。

1985 年

1 月 18 日,时任县委书记邓保南主持召开县委常委会议,传达学习省、市关于解决地下党历史遗留问题工作会议精神,研究处理意见。

5 月,县公安局召开处理地下党历史遗留问题座谈会。

7 月,基本完成处理地下党历史遗留问题。共恢复地下党籍 79 名,经县人民法院复查改判无罪的 118 件 121 名,占复查总数的 87.1%;由公安局复查的案件共 25 名,全部予以平反;由纪委复查的党纪处分的 17 名平反 16 名,历年受政纪处分 111 名,经复查全部平反。全县“案外案”81 件,已处理落实 73 件。

同年,离退休老干部、原游击支队副支队长吴秉熙,主动要求发挥余热，开发大嵛岛，下好“最后一盘棋”。

1986 年

5 月 10 日，时任县委常委、副县长林文宝一行 3 人赴北京出席全国海岛工作座谈会，向党中央、国务院呈送《关于请求加速平潭岛经济开发的报告》，并在会上做了典型发言，引起与会同志的强烈共鸣。

8 月 3 日，召开全县整党工作会议。

9 月 4 日，我县组织扶贫检查团，40 名团员分 4 个组赴全县 11 个贫困乡镇进行扶贫工作大检查（全县 84 个贫困村，14650 个贫困户，其中极贫户 4340 户 18520 人）。

1987 年

1 月 16 日，据统计，我县共有 8 个贫困乡镇，34 个贫困村，9361 个贫困户；已脱贫 3 个乡（大练、芦洋、敖东），37 个村，5949 户，分别占贫困村、户总数的 44%和 40%。

4 月 24 日，时任县委书记邓保南主持召开县委常委会议，传达省委领导同志关于平潭民间“标会”问题的批示和市委袁启彤书记的指示精神，研究处理“清会”的有关问题。

4 月 30 日，据不完全统计，全县因“会”款纠纷发生打、砸、抢、抓扣人质等治安案件 428 起，其中抓扣人质、非法拘禁 126 起；打架斗殴、抢夺财产 45 起；毁坏财物 27 起；自杀、意外事故 3 起 3 名；封房 27 起 27 座；28 名重点缺款“会头”外逃，下落不明。

5 月，全县整党结束，历时 1 年零 10 个月。全县参加整党的党组织和党员有：党委 19 个，党组 3 个，党总支 23 个，基层党支部 482 个；党员 8925 名，其中预备党员 333 名。全县受处理的党员 142 名。其中开除党籍 16 名，留党察看 17 名，撤销党内职务 1 名，严重警告 27 名，取消预备党员资格 4 名，延长预备期 3 名，不予登记 23 名，缓期登记 36 名。

7 月 21 日，省委、省政府决定将平潭县列为全省重点扶持的贫困县,享受省重点扶持贫困县的各项优惠政策。

12月,县盐场被国家轻工业部授予"全国轻工出口创汇先进企业"称号,并获"金龙腾飞奖"。

1988年

2月,开展文物普查,确定县文物点130处。其中:壳丘头遗址、江继芸墓、龟山古营寨、招康烟墩、琉球驸马墓、五福庙、霞屿天后宫、霞海寺、道彰岩石刻、明镜石刻、观成万亩石刻、玉漏堂石刻、烈士陵园、竹屿纪念碑等14处为县级文物保护单位。

4月3日,县五套班子领导前往烈士陵园参加祭奠革命烈士活动。

11月,经过3年的扶贫工作,我县11个贫困乡和85个贫困村已全部脱贫;14850贫困户,已脱贫14170户,基本符合省提出的脱贫要求。

1989年

1月1日,我县开始向台湾渔船输送短期渔工劳务,为福建省和全国首例,当年输送900人次。

1月,经国务院批准,平潭县列为全国33个沿海开放县之一,试行对外开放。

5月5日,召开平潭人民游击支队解放平潭40周年纪念大会。

12月,省政府授予平潭县"全省渔业生产先进单位"称号。

同年,经福州市委、市政府确认,平潭计有革命基点村9个,老区游击活动村20个。

同年,全县确认"五老"(老地下党员、老游击队员、老接头户、老交通员、老苏区区干部)人员有1213人。

1990年

5月15日,中国标准砂厂升格为国家二级企业,这是平潭县首家国家级企业。

6月25—27日，时任福州市委书记习近平来岚走访芦洋柑橘场、幸福洋养殖基地、标准砂厂、中楼盐田村、澳前岭前村、驻岛部队等地，调研灾后重建、沿海防护林建设、农村工作、党组织建设工作。

8月23日，时任福州市委书记习近平对平潭台风受灾损失情况做出重要批示。

9月15日，设立“平潭县退岗养老保险基金会”，对全县基层村（居）两委主要干部实行退岗养老保险制度。

11月26日，时任福州市委书记习近平来岚走访流水谢厝村、君山顶等地，调研粮食冬种生产、沿海防护林建设。

12月，时任福州市委书记习近平来岚走访调研海防试点工作。

1991年

3月12日，中央绿化委员会、林业部、人事部授予平潭县“全国造林绿化先进单位”称号。

5月2日，成立“平潭县旅游资源保护开发委员会”，时任县长林文宝任主任；颁布《关于保护开发旅游资源通告》和第一批15个旅游资源保护区。

7月10—11日，时任福州市委书记习近平在平潭主持召开市委市政府现场办公会，同时，调研粮食生产、海洋产业、扶贫工作、对台经贸等工作。

10月7日，召开县委七届二次全体（扩大）会议，传达贯彻省委五届三次、市委六届三次全委扩大会议精神，部署我县把经济建设转移到依靠科技进步和提高劳动者的素质的轨道上来。时任县委书记刘嘉静做题为《认真实行新的转轨，建立全民科技意识，努力实现我县经济建设第二步战略目标》的报告。

10月14—16日，时任福州市委书记习近平来岚走访白青白沙、百胜、岱峰、澳前潭角底、中甲、边防哨卡等地，调研海岛经济建设、海岛管防。

11月7日，中国科学院地理所专家一行7人来岚，对我县旅游资源进行普查，并将平潭旅游资源普查列为全国旅游资源普查的唯一试点县。

12 月，在白青乡国彩村试养天然翡翠贻贝苗，获得成功。

1992 年

1 月 21 日，国家旅游局将平潭县列为全国第一批旅游资源登记和调查区域。

2 月，时任中国人民解放军总参谋长池浩田来岚视察，时任福州市委书记习近平陪同调研。

3 月 7 日，县委发出认真学习中共中央[1992]2 号文件（即邓小平南方谈话）精神的通知。

3 月，“平潭水仙花”参加香港第三届国际花卉展览，荣获最佳展品奖、布展优秀奖、中国花协一等奖、福建馆布展二等奖。

4 月 15—18 日，时任福州市委书记习近平来岚调研对外开放综合试点改革工作（省、市现场办公会）。

6 月，平潭县被国务院批准为沿海对外开放县。

8 月 5—8 日，时任福州市委书记习近平来岚接访群众，解决群众反映的实际问题。

10 月，县委、县政府在建县 80 周年纪念大会上，正式提出建设平潭海峡大桥，随后成立了“平潭海峡大桥筹建委员会”。

1993 年

3 月 28—29 日，时任福州市委书记习近平来岚走访北厝、流水、南寨山、半洋石帆、仙人井、九一六、三资企业、海岛驻军 32826 部队，重点调研对外开放、经济建设、党的建设、沿海管防工作。

7 月 27—28 日，时任福州市委书记习近平来岚调研地方特色经济发展、农业生产工作（平潭、福清现场办公会）。

10 月 12 日，《福建日报》头版头条发表《廉政，向我看齐》一文，表扬时任平潭县委书记刘嘉静的廉政事迹，为全省干部树立了一个廉政的榜样。

10 月，《平潭县国家海岛资源综合开发试验》专题报告，获国家科委、国家海洋局批准，平潭被正式列为全国 6 个“国家海岛资源综合开发试验区”之一，成为福建省首个国家级试验区。

1994 年

1 月，时任福建省委常委、福州市委书记习近平亲笔手书“振兴平潭、大有希望”。

1 月，国务院批准平潭县境内的“半洋石帆”、君山、“东海仙境”、坛南湾、南寨山、凤凰山、黄金海岸、青观顶（一片瓦）、海坛天神等九大景区为第三批国家重点风景名胜区，总面积约 60 平方公里。

5 月 25 日，时任福建省委常委、福州市委书记习近平来平潭召开现场办公会，并走访南海南中岛、澳前远洋捕捞企业等，调研对外开放、海洋开发、基础设施建设、农业生产、旅游开发等工作。

9 月 24 日，时任福建省委常委、福州市委书记习近平来岚走访敖东青观顶、岚城新门村，冒雨夜访结对帮扶对象林冬梅、林泉，并赠送书包、字典等文具。

1995 年

5 月 4—5 日，时任福建省委常委、福州市委书记习近平来岚走访东澳台轮停泊点、流水镇等地，召开台胞座谈会，调研对台交往工作，并看望结对救助少年。

6 月，时任福建省委常委、福州市委书记习近平来岚实地走访流水镇，调研渔业生产发展情况。

8 月 2 日，时任福建省委常委、福州市委书记习近平来岚现场办公，调研增粮增收、海洋开发、旅游开发、对外开放、基础设施建设情况。

12 月 21 日，时任福建省委副书记、福州市委书记习近平来岚走访县供销社、中楼凤楼村、芦洋芦北村，调研三农工作、基础设施、“海上平潭”建设、党建工作、扶贫工作，看望失学少年。

12 月，全国绿化委授予平潭县“全国造林绿化百佳县”称号。

1996 年

1 月,县委、县政府决定将 1996 年定为“科技兴县年”。

2 月 8 日,召开县人大十二届三次会议,选举施能柏为县长。

3 月 18—25 日,中国人民解放军海陆空三军在平潭附近海域举行海陆空联合军事演习。

3 月,时任福建省委副书记习近平来岚走访慰问部队。

7 月 24—25 日,时任福建省委副书记习近平来岚走访中楼大坪村、流水五星村、澳前龙山村,调研“奔小康”工作、农村工作。

12 月,娘宫至县城 13.38 公里公路拓宽改建工程,经省、市公路先行工程办公室批准立项,本月动工。公路宽 23 米,铺设 15 米宽的 4 车道为水泥混凝土路面,总投资 5083 万元。

同年,平潭县被评为“全国双拥模范县”。

同年,全国绿化委、人事部、林业部授予平潭县“全国绿化先进单位”称号。

同年,省、市政府授予平潭县为“渔业生产先进县”。

1997 年

6 月 16 日,经中共福州市委、市人民政府批准,平潭县烈士陵园为第二批市级爱国主义教育基地。

同年,平潭县荣获“全国双拥模范县”“全国造林绿化百佳县”“全省水产工作先进县”“全省经济发展十佳县”等荣誉称号。

1998 年

5 月 8 日,为实施“以养兴渔、以海富县”的发展战略,大力开发海洋资源,组织千军万马向海洋进军,掀起新一轮海洋开发热潮,推进我县水产业再上一个台阶。县委决定,县五套班子领导及县直九大口挂钩乡镇、村,抓好浅海养殖开发工作。

8 月 24—25 日,时任省委副书记习近平率省直有关部门负责人,来岚调研并召开现场办公会议,研究解决平潭县提请帮助解决的有关事项。习副书记一行视察了竹屿口网箱养鱼基地、山门湾围垦工程基地、中楼乡大坪村、龙凤头度假村等地，走访、慰问了贫困户及驻岛部队，拟筹资 8 万元在中楼建设蔬菜生产基地。

1999 年

3 月，我县旅游资源以其垄断性景观被列入国家申报世界自然遗产预备名单。

5 月 6 日，时任省委副书记习近平来岚召开座谈会，对口帮扶平潭工作。

9 月 5 日，县委、县政府决定在全县开展“爱心献功臣”活动，帮助革命烈士家属、革命伤残军人、老退伍复员军人解决生活、住房、医疗等问题。

10 月 24 日，时任省委副书记、代省长习近平来岚走访敖东果林场、金富琳食品公司、东澳渔港、中楼大坪村，调研农业经济结构调整、海产品产业化发展、扶贫工作（帮扶大坪村建设村民服务中心）。

11 月 13 日，历时 3 年的 110 千伏输变电工程竣工，经验收合格，移交县电力公司，向全县送电。

2000 年

1 月 25 日，福建省委、省政府、省军区授予平潭县为“双拥模范县”。

5 月 25 日，王祥和等 12 位同志被聘为县党风廉政监督员。

7 月 27 日，全国第十次海岛市县（区）联席会议在平潭召开，来自全国 14 个海岛市县（区）政府领导聚集一堂，研讨 21 世纪海洋经济发展战略。

2001 年

6 月 23 日，二号强台风“飞燕”正面袭击平潭，县内损失达 7 亿多元，82 人因灾死亡。

8 月 17 日，东澳 1000 吨级陆岛交通码头通过省级验收，交付使用。

9月4日,县内首条8车道的西航路竣工并投入使用。

2002年

6月,福州市扶贫济困工作队一行49人,来岚参与扶贫济困活动,深入乡镇,入户走访,包户扶贫,落实帮扶项目与资金。

10月,由旅外侨贤阮亚森先生资助修建的民主村村道竣工,总长1300米,总投资近80万元。

2003年

4月4日,在东海陵园举行周裕藩烈士墓揭碑仪式,近千人参加。

12月,国家林业局决定在全国开展防沙治沙综合示范区建设,平潭作为全省唯一上报的县,计划造林50900亩,为期8年。

同年,经省政府批准,平潭金井港为二类口岸。

2004年

1月15日,幸福洋二期围垦工程正式动工。该工程总投资1.027亿元,围垦面积11851亩,海堤长2147米。

7月12—13日,时任福建省委常委、福州市委书记何立峰到平潭县北厝、敖东、澳前、平原、白青、中楼、岚城等乡镇、村调研农村基层党建工作,召开基层干部座谈会,听取乡村党建工作。调研期间,还专程到省定贫困村——岚城乡流东村,看望慰问了省海洋与渔业局下派干部、流东村党支部第一书记赵鸣娟同志。

2005年

5月19日,国家林业局在海南省召开全国沿海防护林建设座谈会,正式决定将平潭列入全国沿海防护林建设示范区。

9月16日,国家博物馆水下研究考古人员,开展为期一周的对屿头"碗礁一号"的水下古沉船进行考古打捞。中央电视台和省广播电视集团联合对“碗礁一号”水下文物考古挖掘工作进行现场直播。

11月8日，参加第五届台湾海峡通道工程学术研讨会的两岸学者、专家到平潭实地考察，多数学者、专家认为，从平潭岛挖海底隧道至台湾新竹为最佳方案。

11月30日，长江澳风电二期10万千瓦风力发电场项目动工兴建，总装机容量10.5万千瓦，安装1500千瓦风机67台，总投资8.6亿元。建成后预计年发电量2.6亿千瓦时，年创产值约1.2亿元。

12月，福建省建设厅将海坛风景名胜区作为国家自然遗产名录上报国家建设部。2006年2月，正式列入国家自然遗产预备名录。

同年，全县对虾、海带、紫菜、牡蛎等大宗水产品养殖面积达73000多亩；发展鲍鱼育苗场60家，培育鲍鱼苗近1亿粒；发展深水抗风浪网箱养鱼21组。

2006年

8月2日，时任县委副书记、县长陈文波主持召开县政府常务会议，研究通过《平潭县重点优抚对象和革命“五老”人员医疗补助实施办法（试行）》和江继芸纪念馆建设等事项。

2007年

3月6日，成立平潭县“海峡西岸经济开发实验区（对台自由贸易区）”筹备工作领导小组。

7月31日，召开党史工作会议，首次选聘65名党史工作联络员，以增强党史工作力量。

9月30日，全市党史工作会议在平潭县召开。

9月30日，交通部通过平潭海峡大桥初步设计方案。

11月30日，平潭海峡大桥正式动工兴建。

2008年

1月,国家质检总局正式批准对平潭水仙花实施地理标志产品保护,这是福州市首个获得该项保护的产品。

4月3日,县四套班子领导赴洋潮屿革命烈士陵园悼念革命烈士。

2009年

2月24日,时任县委书记林义铭,时任县长陈文波参加省委关于开发平潭的情况汇报会。

3月5日,时任省委常委、市委书记袁荣祥,时任市委副书记、组织部部长周振华带领市有关领导深入平潭县农村基层开展调研工作。

5月6日,召开平潭人民游击支队第一次解放平潭60周年纪念大会。

7月4日,时任省委书记卢展工率省委"四个专题"调研组到平潭调研。

7月底,省委八届六次全会上正式做出了设立福州(平潭)综合实验区的决定。

9月3日,杜源生任福州(平潭)综合实验区党工委书记、管委会主任。

11月26日,国台办负责人率领国家发改委、商务部、农业部、海关总署、国土资源部、公安部、文化部、广电总局、新闻出版署、国家旅游局、教育局、清华大学联合调研组来岚调研。

12月21日,省委、省政府成立平潭综合实验区开放开发工作领导小组。

2010年

1月19日,时任省委书记孙春兰和时任省委常委、秘书长杨岳,时任省委常委、副省长陈桦到平潭调研视察。孙春兰书记强调,要深入贯彻落实科学发展观，立足实际、充分论证，科学规划、扎实实施，又好又快地推进福州(平潭)综合实验区的开发建设。

2月，福州(平潭)综合实验区更名为福建省平潭综合实验区管理委员会，行政级别升格为正厅级。

2月10日，在北厝镇鹅头尾举行环岛公路一期工程开工仪式。先行开工的三个重点路段分别为鹅头尾段、龙凤头至山门段、竹屿口段，总里程15.371公里，总投资约10亿元，工期一年。省委副书记、组织部部长于广洲发来贺信，市领导周宏、杜源生等参加。

2月11日，平潭入选由世界品牌组织、美中经贸投资总商会、世界500强全球合作组织联合推选的共和国60年最受关注“中国最具投资潜力特色示范县200强”。

4月1日，中共中央政治局委员、国务院副总理王岐山带领海关总署署长盛光祖、国家质检总局局长王勇、国务院台办主任王毅、商务部副部长马秀红、国家旅游局局长邵琪伟等国家有关部委领导来岚视察，并召开座谈会，王岐山副总理对实验区建设各项工作取得成效予以充分肯定，并就进一步推进平潭开发提出重要要求。

5月15日，来自美国、法国、英国、日本、意大利等15个国家29家华文媒体的34名资深记者组成“海西先行新风采”采访团来岚采风。

8月19日，福州市党史工作会议在我区召开，会议传达了《中共中央关于加强和改进新形势下党史工作的意见》和福建省革命遗址普查培训会议精神。

8月4日，时任省委书记孙春兰、时任省长黄小晶赴平潭调研，提出进一步解放思想、先行先试，立足平潭实际，发挥后发优势，创造平潭速度，实现科学发展、跨越发展。时任省委常委、秘书长杨岳随同调研。

9月3日，省委办公厅、省政府办公厅联合印发《平潭综合实验区管理体制方案》，设立中共福建省委平潭综合实验区工作委员会，为中共福建省委的派出机构；设立福建省平潭综合实验区管理委员会，为福建省人民政府的派出机构；设立中共福建省纪委平潭综合实验区工作委员会，为中共福建省纪委的派出机构；将平潭县划归平潭综合实验区管理。

9月8日，平潭综合实验区首次独立组团参加“9·8”投洽会，共签约8项，总投资272亿元人民币，协议外资22亿美元，主要涉及城市综合体开发建设、星级观光休闲酒店、微电子产业、生物科技项目等。

11月24日，国务院台办举行例行新闻发布会，发言人范丽青称：积极支持在平潭建立两岸合作综合实验区，实施更加优惠的政策，探索两岸共同规划、开发、经营、管理和受益的合作新模式。

11月30日，平潭海峡大桥举行试通车仪式，标志着平潭结束了与内陆通行依靠轮渡的历史。

12月29日，由福建省主流媒体、部分驻闽中央媒体和境外媒体推荐评选的“2010年闽台关系十大新闻”评出。“12月25日平潭海峡大桥、渔平高速公路通车，平潭综合实验区11个重大项目动工，标志着两岸共同建设平潭综合实验区全面推进”入选十大新闻。

2011年

3月8日，在全国“两会”期间，时任中共中央政治局常委、中央书记处书记、国家副主席习近平在看望福建代表团时，指示要发挥对台优势，加快平潭开放开发。

11月18日，国务院批复《平潭综合实验区总体发展规划》，明确定位建设两岸共同家园。

11月30日，“海峡号”客滚轮首次从平潭澳前码头直达台湾台中港。

同年，国务院批准平潭为临时一类口岸。

2012年

5月23日，时任省委书记孙春兰带领省直有关部门负责人，专程赴平潭综合实验区实地了解建设进展情况，现场研究解决难点问题，进一步推动平潭加快开放开发。

6月15日，时任全国政协主席贾庆林来平潭调研，察看海峡如意城、冠捷科技园、幸福洋组团等企业投资及项目进展情况；察看平潭海峡客运码头，了解航线运行、客货流量、客轮运能等情况；到管委会现场指挥部详细了解平潭综合实验区规划发展情况，勉励大家进一步解放思想，真抓实干，全面推进各项工作，不断开创平潭开放开发新局面。

9月，福建省政府批复实施《平潭综合实验区总体规划》。

12月26日，时任福建省委书记尤权来岚调研平潭综合实验区建设进展如何，对平潭建设取得的显著成绩感到十分欣慰。

2013年

1月14日，时任省委常委、政法委书记苏增添率省委政法委有关负责人到平潭综合实验区调研政法综治工作，充分肯定平潭综合实验区取得的成绩和政法综治部门服务保障实验区开发建设做的大量卓有成效的工作。

6月，时任中共中央政治局常委、全国政协主席俞正声视察平潭。

7月26日，福建省人大常委会通过《关于加快推进平潭综合实验区开放开发的决定》，进一步明确实验区管委会的法律地位和管理权限。

10月9日，“海峡号”首航台北。

2014年

2月，由徐兴禄撰写的革命史迹记略《岚岛烽火》出版。

4月21日，国务院正式发文批复，同意在平潭综合实验区开展海运业务试点。

7月15日，平潭综合实验区正式封关运作，平潭海关正式挂牌成立。

11月1日，习近平总书记第21次来岚视察，亲自擘画“一岛两窗三区”(一岛即国际旅游岛；两窗即闽台合作的窗口、国家对外开放的窗口;三区即新兴产业区、高端服务区、宜居生活区)战略蓝图,为平潭开放开发指明前进方向、提供根本遵循。习近平总书记指出,平潭面临的机遇,不是百年一遇而是千年一遇。栽得梧桐树、引得凤凰来,要把基础设施、人居环境和软环境搞好,吸引更多企业和人员来平潭干事创业。平潭综合实验区是全国独创,要继续努力探索,真正把平潭建设成为两岸同胞的共同家园。

12月26日,第十二届全国人大常委会第十二次会议决定设立中国(福建)自由贸易试验区,包括福州、厦门、平潭三个片区。

同年,实验区为6个老区村申报6个扶贫项目,为164名"五老"人员发放补贴114万元。

2015年

2月25日,中国(福建)自由贸易试验区平潭片区网站正式开通。

4月21日,中国(福建)自由贸易试验区平潭片区挂牌成立,时任平潭综合实验区党工委书记、管委会主任李德金参加揭牌仪式。

12月3日,平潭国际旅游岛建设正式启动,一百多位世界小姐为平潭代言。

12月,张兆民同志任中共福建省委平潭综合实验区工作委员会委员、书记,中国(福建)自由贸易试验区平潭片区管理委员会主任。

同年,由曾瑞生主编的曾焕乾烈士纪念文集《赤胆忠魂》出版。

2016年

2月29日,实验区召开"2016项目建设年"动员大会。

4月1日,《平潭综合实验区条例》在福建省第十二届人民代表大会常务委员会第二十二次会议上获得通过。

9月5日,国家发改委印发《平潭国际旅游岛建设方案》。

12月15日,省政府印发《贯彻落实平潭国际旅游岛建设方案的实施意见》。

同年，在老区基点村民主村开设革命史迹陈列馆。当年，实验区下达老区扶建资金30万元。

2017年

2月，出台“5＋2”产业发展实施意见方案，决定优先发展“5＋2”产业，即优先发展旅游文化、康体、金融、航运物流、建筑、风能产业和重点培育会展、电子信息产业。

3月9日，平潭港区首条对台散货直航航线开通。

3月30日，平潭获批成为国际船舶登记船籍港。

9月21日，“2017年中国小岛屿国家海洋部长圆桌会议”在平潭召开。

2018年

2月，区管委会颁发《关于全力推进2018年重点项目建设的通知》，计划投资1810.97亿元，建设300个重点项目，年度计划投资412.29亿元。

2月，省委省政府出台《关于进一步加快平潭开放开发的意见》。

5月，国家发改委、农业农村部决定推动十个沿海渔港群建设，省内计划建设15个渔港经济区，平潭名列其中。

5月11日，时任福建省委副书记、省长唐登杰率领省委省政府工作检查组来岚检查工作，察看了平潭跨境保税中心、中福海峡医疗园、全国地下综合管廊示范项目、南岛语族文化村、福建无人驾驶汽车测试基地等项目，全面调研了解平潭围绕“一岛两窗三区”建设工作，在培育新兴业态、加快对台融合、优化城市环境等方面的工作。

8月8日，“2018年平潭国际旅游岛研讨会”在平潭召开，吸引近50位专家学者和500多位嘉宾参加。平潭国际旅游岛荣获“2018年国际最具潜力旅游目的地·海岛风情奖”。

11月，省委省政府出台《支持平潭新一轮开放开发的若干措施》。

同年,平潭被中国社科院评为全国“投资潜力百强”县市。

2019年

1月19日,平潭海上货运直航覆盖台湾本岛北中南。

2月11日,省委书记于伟国来岚察看平潭高铁中心站综合交通枢纽、高速公路跨海大桥项目,了解项目进展,强调要确保工程质量,为两岸基础设施联通打下坚实基础。还参观工程机械设备展、流水片区便民服务中心等地。

3月22日,平潭港口岸金井港区对外开放顺利通过国家验收,正式跻身国家一类口岸行列,这是平潭对外开放历程上的又一里程碑。

5月5日,庆祝平潭游击支队解放平潭70周年纪念大会在中正堂旧址举行。

6月,由作家冯秉瑞编著的《清气满乾坤——林中长传》出版,此前以平潭籍革命先贤、烈士为传主的人物传记,已出版的有《他在丛中笑——吴秉瑜传》《丹心照汗青——曾焕乾传》《峥嵘岁月稠——翁绳金传》等。

6月17日,平潭两岸农渔产品交易平台上线试运营。

7月12日,区党工委、区管委会正式印发《平潭综合实验区实施乡村振兴战略规划(2018—2022年)》,并要求结合实际认真贯彻执行。

8月14日,实验区召开机构改革动员部署大会,标志着全区机构改革工作全面启动。

9月25日,海坛海峡公铁两用大桥成功合龙全线贯通。

10月18日,由文史专家周裕惠主编的旨在宣扬抗日战争与解放战争时期的平潭英雄群体、唤起红色记忆的《海坛骄子》一书出版发行。

10月下旬,正式启动编撰《平潭综合实验区革命老区发展史》一书。

同年,按照省委、省政府确定的产业发展方向,实施“七大攻坚”

“八大工程”，实现总部经济和物流贸易两大特色产业“从零开始”到“超百亿”的实质性突破，形成了实验区经济高质量发展的“双引擎”。其中，总部平台经济年营收 271.48 亿元，成为实验区首个百亿元产业；物流贸易产业进出口总额 100.4 亿元，成为实验区第二个百亿产业。

2020 年

4 月初，平潭被列入国家跨境电子商务综合试验区。

5 月 6 日，平潭新兴产业园示范区开园，同时发布《平潭综合实验区关于支持新兴产业园示范区运营发展的政策措施》。

5 月 30 日，出台《中国（平潭）跨境电子商务综合试验区建设实施方案》。

8 月 13 日，福建省委副书记、代省长王宁率省直有关部门负责同志来岚调研，深入高铁中心站房建设工地、龙王头滨海沙滩、南部生态廊道、跨境电商园区、总部平台经济企业、台胞社区项目。主持召开座谈会，认真听取平潭综合实验区主要负责同志情况汇报和意见建议，协调解决具体问题。

10 月 1 日，我国首座跨海公铁两用桥——平潭海峡公铁两用大桥公路试通车。

10 月 30 日，平潭跨境电商园顺利通过 2020 省级示范物流园区的评估，成功获评“福建省省级示范物流园区”。

12 月 25 日，福建省委书记尹力来岚调研时强调，要深入贯彻落实党的十九届五中全会和中央经济工作会议精神，坚定不移沿着习近平总书记为平潭发展指引的方向，坚持“一岛两窗三区”战略定位，进一步解放思想，加快推进平潭综合实验区发展，积极探索海峡两岸融合发展新路，做好旅游、对台、创新、生态四篇大文章。

12 月 26 日，福平铁路开通，标志着平潭发展进入高铁时代。

同年，以集成创新、联合创新、融合创新为重点，共推出 46 项创新举措，其中已有 15 项获评福建自贸试验区第 16 批创新举措，其中全国首创 10 项，对台创新 6 项；“直接采认台湾地区部分技能人员职业资格”等 8 项改革试验成果在全省、全国复制推广。

同年,平潭综合实验区获批“国家森林城市”,入选中国最美文化生态旅游名区。

2020 年年初,新冠肺炎疫情发生以来,平潭综合实验区党工委、管委会按照省委、省政府工作部署,全力以赴抓常态化疫情防控措施,做到反应快速、措施精准、成效突出,疫情防控取得阶段性成效,持续保持“零确诊”“零疑似”的良好态势。

附编一　弘扬红色文化

一、老区革命基点村简介

据 2000 年新版县志载：平潭老区村是在 1953 年经县内初评，1989 年经市复评后确定的，计有革命基点村 9 个，即屿头乡的田下村，大练乡的渔限村，苏澳镇的民主村、看澳村、先进村，平原乡的江楼村，白青乡的国彩村，敖东镇的大福村，流水镇的裕藩村；老区一般村 25 个。列表如下：

平潭革命老区村一览表

序号	乡镇	老区村	其　中	
			老区一般村	老区基点村
1	岚城乡	霞屿村	霞屿村	
		中湖村	中湖村	
2	澳前镇	上井村	上井村	
		龙北村	龙北村	
		前进村	前进村	
3	平原镇	江楼村		江楼村
		当盛村	当盛村	

续表

序号	乡镇	老区村	其中	
			老区一般村	老区基点村
4	中楼乡	韩厝村	韩厝村	
		中楼村	中楼村	
		大坪村	大坪村	
		南楼村	南楼村	
		盐田村	盐田村	
5	苏澳镇	五一村	五一村	
		先进村		先进村
		民主村		民主村
		看澳村		看澳村
		友谊村	友谊村	
		苏澳村	苏澳村	
6	白青乡	国彩村		国彩村
7	流水镇	西楼村	西楼村	
		东美村	东美村	
		山边村	山边村	
		下厝场村	下厝场村	
		裕藩村		裕藩村
8	敖东镇	东崑村	东崑村	
		大福村		大福村
9	北厝镇	天山村	天山村	
		大厝基村	大厝基村	
		湖南村	湖南村	
10	屿头乡	后垱村	后垱村	
		田下村		田下村
		屿北村	屿北村	
11	大练乡	东礁村	东礁村	
		渔限村		渔限村
合计		34	25	9

（一）民主村（旧称玉屿）

民主村位于海坛岛西北角，南向面对海坛海峡。著名的海坛奇景——半洋石帆就在附近海疆之中，而饮誉于世的“半洋石帆”三绝句的著名女诗人——林淑贞就曾生活于斯。她与丈夫（清代道光年间的儒生，玉屿人）吴徽瑶在村内设帐授徒，颇得周边村民的敬仰与好评。

民主村山坡平缓、平洋一片，浅沙围澳、绿影婆娑，是风景秀美的农渔村庄。该村以吴姓为主，阮姓次之，吴姓人口约 4800 余人，阮姓人口约 600 余人。民主村原称玉屿村，于解放后改称，属苏澳镇管辖。1952 年经省市政府认定为革命基点村。据统计，该村名登烈士 4 名，为革命而牺牲 23 名，“五老”人员 85 名。

民主村一隅

1938 年，该村进步青年吴秉图，在地下党员何胥陶启蒙、教育下，参加中共闽中特委组织，后奉命回玉屿村开展秘密的革命地下活动。不久，吴秉图组建海上游击队，在沿海一带进行抗日救国活动。1939 年 11 月，海上游击队在长乐海面遭平潭保安队袭击，战斗打响后，队员吴聿良为掩护吴秉图而牺牲，吴秉生等 4 位队员则被保安队抓捕回县城后惨遭杀害。海面脱困后，吴秉图潜回塘屿，以塘屿为据点，组织一支新的武装队伍，并深入北霜的敌人内部，进行策反工作。1940 年 12 月由于叛徒告密，致使吴秉图及 23 位队员先后被捕并被杀害。而同时被捕的吴聿静同志幸得在敌司令部担任卫士的康章仲搭救而脱险。

1943 年始，吴聿静、吴聿杰继续在小练、屿头发展地下武装力量，号召民众开展抗日游击活动。1944 年 12 月 31 日，游击队吴聿杰、吴益鼻配合县自卫队(驻守苏澳)巧袭日军通信艇“纪宝丸”。作为日语翻译的吴益鼻与日兵接谈，引诱 6 名日兵到苏澳港酒楼吃喝。在日兵丧失戒备之际，岸上、澳口同时动手，终至歼灭日兵 7 名、生俘 3 名，缴获各种武器弹药、船只等设备，此役震惊县内外。

1945 年，吴聿静在民主村建立农会，发展游击队员，发动群众抗丁、抗租、抗捐，颇得村民欢迎。1946 年，中共地下党平潭工委书记吴秉瑜在民主建立党支部，宣传革命真理，筹备武装斗争，发展吴聿静、吴聿杰、吴吉祥、吴翊翔等十余位先进青年加入地下党。

1947 年 3 月，几经筹划的平潭游击队在民主村成立。1948 年 9 月，民主村游击队并入平潭游击支队。在副支队长吴秉熙率领下，民主村群众捐款聚粮，修筑碉堡，购置枪支弹药，吴秉熙夫妇变卖田产、祖厝，倾尽家产，全力支持游击支队革命活动。全村群众热情高涨，掀起练兵高潮，成了全县闻名的游击队基地。1949 年 5 月 5 日，平潭人民游击支队奉命解放县城，117 名游击队员聚集在民主炮楼前召开誓师大会，民主参战人员有 58 名，参加敢死队的有 21 名。吴秉熙胞弟吴秉华，亦作为敢死队队长之一参加攻打“中正堂”战斗，攻下“中正堂”之后，游击队撤回民主村；恼羞成怒的民国县长林荫率兵企图报复偷袭民主根据地，但被早已防范森严的游击队击退。游击队在秉熙的指挥下乘胜追击匪兵直捣林正乾(敌自卫队队长)的老巢紫霞洞村。

1949 年 7 月，敌 73 军等溃退平潭。民主村游击队员和革命群众，或随支队领导撤往内陆继续作战，或留守当地转入地下斗争。平潭重新沦为反动政权的统治后，民主村成为敌人重点清剿、报复的对象。

新中国成立后，民主村全体乡亲发扬革命老区的光荣传统，在历届村两委带领下，耕海牧田，建设家乡，在政府大力支持和吴秉熙等一批老游击队员的带动下，为脱贫致富做出不懈努力，先后建起船厂，修造船舶，发展海上运输，远征各条海运航线，同时大力发展海上养殖业，取得丰硕的经济效益，村民生活逐渐好转；修建环村水泥路，强化村庄环境卫生工作。在美丽乡村建设的推动下，村风村貌得到很大改观。民主村群众十分注重文化教育，自筹资金，兴建学校，培养出众多大中专学生，为国家输送人才。在加强革命传统教育工作中，村两委十分重视，筹资建起革命史迹展览馆，该馆和后山炮楼成了县内传统教育和传播红色文化的重要基地。

（二）国彩村（旧称伯塘）

国彩村位于海坛岛北端，属白青乡管辖。人口约 8600 人，为县内吴姓人口主要集聚地。

由于东濒长江澳风口，风狂浪急，海上活贝和贝壳随浪潮不断涌入海滩，千百年的日积月累，涌积的贝壳层深达数米，取之不尽，曾为昔年平潭兴盛的贝雕工艺提供不竭的贝壳原品。特别是当年享誉香港的“伯塘灰”，就是利用海滩累积的贝壳烧炼而成的。这种壳灰洁白细软，是建房、修船的上品材料，当时每年供香港的伯塘灰达 40 余吨之多。全村 20 余座灰窑，年产优质壳灰千吨，为县内外建筑、修船业做出贡献。

国彩村村景

20世纪30—40年代，该村一批进步青年目睹现状，开始在村内暗中发动村民抗日救亡，宣传中国共产党《抗日救国十大纲领》，组织店铺商户抵制、烧毁日货。爱国志士吴克修率吴兆缙、吴国夏、吴国守、吴翊成等青年，毅然投身于抗日洪流中。

1948年年初，中共潭北区委书记吴兆英（伯塘人）与吴秉熙在伯塘、丰田、白沙、青峰等村发展地下党员，组建地下游击队。时有吴翊成、吴翊銮、吴翊耀、吴章根、吴章正、吴翊清、吴谨材、吴翊章、吴章富参加了地下党，拥有游击队员60余人。随后，还建立了120多人的武工队和10多人的“小鬼队”。该村如火如荼地开展地下武装活动，成了国民党当局眼中钉、肉中刺。

在平潭游击支队处于发展高潮时，闽中地下党“城工部”事件的发生，几乎使平潭游击支队陷于灭顶之灾。为救游击队政委张纬荣和自证游击队清白，吴兆英冒死赴福清梁厝向闽中党司令部陈情，并领回1949年5月7日前攻打县城，全歼或大部歼灭国民党地方反动武装的指令任务。为此，游击支队领导层做出决策，于5月5日晨，由高飞、吴兆英、吴秉熙等支队领导，率117名游击队员向县城出发，40余人的敢死队中，该村有15人参加。吴国彩担任敢死队队长。战斗打响后，吴翊成奋勇扑向“中正堂”大门，不幸中弹倒在血泊中。恶战中，吴国彩也负伤生命垂危，但他们坚决不下火线，直至战斗结束。吴国彩虽经县医院全力抢救，终因失血过多而牺牲。

1949年7月3日，国民党73军等部队溃退平潭后，旋即对平潭游击区国彩村进行残酷清洗，搜捕老区群众140多人，施以严刑拷打，并残酷地活埋了吴谨忠、吴谨合、陈景华3人。

1949年8月中旬，为配合解放军进攻平潭，吴章英、吴孟良奉命潜入吉钓岛侦探敌情，通过该村地下交通站向长乐总部输送平北、平南地区敌军部署情报。为迎接大军解放平潭，吴聿糖、吴正寿在长乐松下、屿头等地动员沿海1000余船工和筹集300余艘船只投入渡海支前。吴国共、吴家瑜、吴祖芳、吴翊义、吴秉华、吴正寿等担任大军的向导及联络员工作。

1950年1月20日，福建省支援前线委员会在平潭召开庆功大

吴翊耀烈士墓

会，该村一批群众受到表扬。为纪念吴国彩烈士，村名改称国彩村。吴兆英、吴翊成分别于1955年、1957年荣获国务院颁发的国家三级解放勋章和解放奖章。1989年，该村被省市政府确认为革命基点村，全村“五老”人员达100多人。该村为革命而牺牲的8位烈士，其英名是：吴国彩、吴翊耀、吴翊光、吴章合、吴谨忠、吴美容、陈景华、吴翊虞。

新中国成立后，国彩村在党的领导下，踏上社会主义建设新征途。在历届村两委带领下，同心同德，战天斗地。渔农业生产蒸蒸日上，海上运输业蓬勃发展，隧道工程业享誉全国四面八方。先后盖起村部大楼、学校、老人俱乐部，整修玉带溪，极大改变了村容村貌。村东海域的大嵩岛是村民海产养殖基地，风光秀美。岛上盛产天然礴紫菜、各种海贝、海螺、海藻和诸多的珍稀鱼类——石斑、石刺、海鲫、章鱼等。一些村民还在岛上围垒石，立桁，获利颇丰。岛上林丰草茂，是个风景绝佳的旅游胜地。2018年荣获“福建省美丽乡村示范村”。

国彩村由于红色文化的积淀和传承，优秀人才辈出。军旅团师干部、政界副厅级以上百余人；毕业自国内各高等学府如北京大学、清华大学、中国科技大学、厦门大学、华东师大等名校者达数百人，副教授以上的科技、文化精英将近百人，这些翘楚人物，在国内各条战线上奋勇拼搏，绽放异彩，为国家做出贡献。

（三）渔限村

渔限村位于大练岛西部。西靠渔限山，与小练岛隔海相望；东依东山，南临青礁洋，北望竹排洋。南北两端为天然的沙滩澳口，风光秀美。

渔限村杨氏先祖初到时，发现澳口鱼骨如“限”，由此“渔限村”而得名。在渔限山与东山之间，有一片170多亩的平坦而肥沃的土地，俗称“渔限洋”。杨氏族人世代在此繁衍生息，迄今约有400余户，2000余人。民风淳朴，邻里和睦，村民爱国爱乡，有着光荣的革命斗争传统。1989年经省市确定为革命基点村。

大练渔限村景

1938年，进步青年杨乃雨受到闽中地下党负责人陈亨源革命思想的启蒙教育，往来于闽中党根据地南阳村与渔限村，开展地下革命活动。他组织进步青年杨乃雪、杨乃敏、杨乃良等参加地下武装斗争。受其影响，杨其德、杨宗亨（化名杨其英）、杨乃东（化名杨其雄）、薛由义（化名杨其昌）等加入闽中游击队。

抗日战争期间，日本侵略军为封锁海上交通要道，扶植伪军海匪侵扰沿海岛屿，大练岛受害尤烈。1939年，一股日伪匪徒洗劫渔限村并打死保长杨宗禄（又名依肯）。在血淋淋的教训下，1940年初，保长杨孟增、副保长杨乃敏和杨乃良秘密发动群众，集资购买步枪5支、短枪1支，于当年12月正式成立渔限自卫队，队员21人。平潭县县长罗仲若即任命杨乃良为队长，杨乃敏、杨乃秉为副队长，并发给步枪10支以加强自卫队武装力量。抗日自卫队成立后，中共长乐县委书记陈亨光到自卫队领导开展地下武装活动。1941年初，自卫队杨乃良带领10多名队员，秘密潜到围营村伏击日伪海匪，活抓4人，缴获步枪1支。首战告捷，自卫队威名大震，使日伪军再也不敢贸然侵扰大练岛。

1942年4月因发生"江田事件"，中共闽南特委领导黄国璋、陈亨源率领23名主要骨干，从长乐转移到渔限村隐蔽。"保长"杨孟增派自卫队员日夜站岗放哨。敌省保安团侦悉情报，派兵从福清海口乘船到渔限，欲围歼地下党机关。渔限自卫队当即对来犯之敌予以猛烈阻击，以掩护杨孟增等人护送特委机关23人转移到后山山洞，杨乃雪、杨依婆则负责特委人员生活并传递信息。7天后，自卫队杨国忠、杨红红、杨乃珠、杨乃香、杨金松等5人，借"渔限渡"护送特委人员秘密潜往福清目屿。杨国忠则留在闽南特委游击队参加活动。在特委游击队，杨国忠作战英勇，1945年3月，在福清龙田与国民党盐缉队战斗中光荣牺牲(后追认为革命烈士)。

1949年9月上旬，解放大军号角吹响海坛海峡，渔限自卫队积极配合解放军解放屿头岛和大练岛的战斗。他们送水送饭送弹药，救护伤员。在解放厦门岛战斗中，渔限船工奔赴前线支前运输毫不畏惧。在参加解放金门岛战斗的支前工作中，杨长做、杨大美(年仅18岁)献出宝贵生命，后被追认为革命烈士。

大练渔限村纪念亭

解放后，渔限群众当家作主，开始了艰苦创业的历程。开山造田，植树造林，为了改变海岛恶劣的自然环境，1970年冬，在前澳沙滩围起一条350米的防浪海堤，挡住了海浪对农田的冲击破坏；接着在1972年，又在后澳风口修筑一条长约300米的防风堤，扼住了风沙侵袭，使农业生产有了保障。渔业在传统产业基础上，发展海带、紫菜、花蛤、海蛎的人工养殖和“放笼”作业，增加致富门路，提高经济收入，村民生活显著改善。

1980 年，在县政府支持下，大练岛建成 13.4 千米的环岛公路及通村的支线公路，极大改善了村民出行条件。接着又筹资建成前澳交通码头和千余米村道，进一步提升了村民的生活幸福指数。

渔限村民有尊师重教、热心办学的优良传统。在县、乡政府支持下，1989 年 9 月设立大练初级中学，初中部教学楼和综合楼面积达 1360 平方米；2002 年又动工兴建一幢三层 858 平方米的渔限小学教学楼。渔限中、小学作为乡镇基础教育学校，已成功地为国家输送几十位大中专毕业生，培养出如建筑学博士杨国纬、留美的分子生物学博士杨雅生等中高级人才。

现在老区基点村人民在党的领导下，继往开来，为全面建设美丽、富饶的渔限村，建设 21 世纪新大练，继续战天斗地，奋斗不止。

（四）裕藩村（旧称盘团）

流水镇裕藩村，原系大富地区，包括盘团、西楼、山边、东美 4 个村庄。1950 年 3 月，为纪念周裕藩烈士，省政府批准把烈士故乡改称裕藩乡（村），1989 年，省政府确认裕藩村为革命基点村，确认“五老”人员 138 名。

1938 年 9 月，周裕藩在盘团小学以任教为掩护，从事革命活动，会同中共地下党员曾焕乾，联手创办县内第一所渔农民政治夜校，宣传抗日救国，播撒革命火种。1940 年 5 月，中共福清中心县委（辖福、长、平）重建，周裕藩被任为平潭地下党负责人。同年，在大板、福清的硋澳成立抗日游击队，曾焕乾任总指挥，周裕藩任副总指挥兼队长，徐兴祖任副队长。游击队中有 30 多人来自裕藩地区。

1941 年，周裕藩奉命回平潭组织开展武装抗日斗争。他会同曾焕乾、徐兴祖组织“大富民众自卫团”，担任总负责人。7 月底，自卫团 60 多名战士在海面上突袭日伪军大队长郑祯道部，当场击毙郑祯道，俘匪 4 人，缴获枪支 4 支，解救载货商船一艘和船员 8 人。

裕藩村一隅

返航时，又冲进南井村的日伪军中队长王代民家，击毙王代民等3人，俘获日伪军18人，缴获步枪18支，子弹千余发。“一天两捷”，威慑敌人，震动全县。

1942年，大富民众自卫团主力奉命转移到长乐江田闽南特委据点。同年9月，周裕藩又以“大富民众自卫团”为基础，与曾焕乾、徐兴祖在长乐建立“闽中沿海突击队”，周裕藩任政委，林慕曾为队长，王韬为副队长。沿海突击队进驻乌垢岛二年多，与日伪军战斗十多次，得到大富地区大量物资、资金的支持，队员发展到100多人，拥有长短枪70多支。

1943年11月，周裕藩又在大富发展20多名党员，并正式成立党支部，周裕藩兼支部书记，欧秉发、徐凤祥、魏思达、周廷煌为支委，支队直属特区党委领导。1945年，东洛岛事件中周裕藩牺牲后，由徐兴祖代管大富党支部工作。这个由周裕藩创建的平潭县第一个党支部，经过抗日战争、解放战争的洗礼，成为一个“红旗不倒”的党的基层组织。

1945年7月，曾焕乾回平潭，到裕藩乡了解情况后，决定大富的党组织移交徐兴祖直接领导。徐兴祖受命赴台湾为革命筹集经费，与王韬等人在台北筹办“震球商行”。大富党组织关系也随徐兴祖转到台湾震球商行党组织。

1947 年 1 月，中共闽浙赣省委决定撤销中共闽江工委成立“闽浙赣区委城工部”，曾焕乾受任闽浙赣地下军副司令，兼闽海纵队司令员、政委和中共福清、长乐、平潭工委书记，大富地区党组织也归属曾焕乾领导的城工部组织。

1949 年 8 月，徐兴祖带领的游击小分队和支队骨干欧秉发、徐凤祥等人配合人民解放军解放长乐县城，后编入平潭游击队支前连队。同年 9 月，徐兴祖、徐凤祥、徐兴昌和周福、周裕应等人奉命充当向导参加解放军渡海解放平潭。

50 年代初，由徐兴昌、欧秉发等 8 位地下党员合伙成立“裕藩供销社”，经营村民急需的粮、柴和生产用的渔需品，打破敌人对沿海封锁，深受村民欢迎和区政府的赞扬。

尽管一些老游击队员、老党员在历次政治运动中受到不公正的待遇，但始终没有改变初心。1982 年，县老区办组织一批老同志，经过深入细致调查核实，纠正冤错假案，恢复了党员的党籍，认定“革命五老人员”，并给经济补偿，脱产健在的老同志享受特殊待遇。政府落实政策，还其公道，也给九泉之下的英灵一个抚慰。

历史在发展，时代在前进。裕藩村群众在党的领导下，尤其是实验区成立以来，经济得到发展，人民生活发生极大变化，不愁食，不愁穿，不愁住，生病有医保，老人有养老保险，村容村貌也得到极大改善，特别是旅游业的兴起，为裕藩村的发展，带来了机遇。“把理想信念的火种、红色基因一代一代传下去，把我们的家乡建设得更好”，成为全体村民的共同愿望。

(五)看澳村

看澳村位于苏澳镇南部，海域滩涂辽阔。历代村民，勤于开基创业，由古老的内海定置网发展为远洋捕捞。改革开放后，利用浅水海面和滩涂发展海带、紫菜、花蛤、挂蛎、鱼虾人工养殖。20 世纪 80 年代又发展海上航运产业，成为全省有名的海运专业村。

看澳人历来刚强勇为，坚持正义，在反动政府统治时期，不畏强暴，敢于抗争，一遇官府入村抓丁派款，敲诈勒索，全村村民鸣锣吹号，同仇敌忾，抱着水炮，提刀出阵，与官兵抗衡。

解放战争时期，村民在平潭人民游击队队长高飞的引领下，于1948年10月在看澳马祖宫成立平潭人民游击队，村民一呼百应全数参战，挖地洞、筑暗堡、造土炮、打钢刀、集粮草，大户捐银圆、小户捐丁香鲕，为游击队购置枪支弹药；利用渔船成立海上交通线，接送游击队干部出入平潭。

游击队以玉屿村为中心，把看澳、土库、鹤厝安、康安、江楼、当盛、伯塘连成游击区，互相策应。保长高哲让用特殊身份担任游击队后勤工作，筹集粮草，保证活动经费。族长高哲立（高飞父亲）献出一艘700担运输船作为游击队海上交通之用，并带头发动每户捐丁香鲕一担，大户捐银圆20圆。

1949年5月5日，游击队攻打县城，看澳所有渔船浮水待命，随时参战。5月6日凌晨，闻讯林荫率部反扑县城，全村男女全数出动把搁滩40多艘渔船推下海，载上各村青壮年和游击队队员开赴县城助战。

看澳村一隅

1949年7月，国民党73军占驻平潭后，游击队率青壮年奉命撤离，看澳村民多数随队退往福清。为洗劫根据地，国民党反动政权也将看澳视为眼中钉，占住民房，将家禽家畜及粮食、衣物、财产洗劫一空，把10多艘来不及开走的渔船连渔网全数烧毁。在澳口，青壮年、妇女被赶上山岗当民夫筑炮楼，烧火做饭。

在解放战争时期，该村红色保长高哲让被捕在县城被杀害；先遣营营长高扬文在解放金门战斗中壮烈牺牲，年仅21岁；原县自卫队大队高名温，随罗仲若六次收复平潭，后被日伪匪首郑德民活埋在流水大富村；高名山、高名乾、高扬泽、高扬芳分别担任特务连连长、战斗连连长、连指导员。

看澳村人民为平潭人民解放事业做出不懈努力和贡献，遭到反动派的残酷迫害，党和人民不会忘记老区人民，新中国成立后该村55名游击队员被确定为“五老”；两位牺牲同志被追认为烈士；13位同志被调干重用，部分游击队员和烈士后代安排在国企工作。

新中国成立后，看澳村人民发扬革命优良传统，坚定不移紧跟党，积极响应党的号召，走互助合作化道路，于1954年成立全县第二个渔业初级社、高级社，荣获闽侯地区渔业先进单位称号。随着时代进步，村风村貌都有显著改观。其间，美丽乡村建设更使海陬渔村发生翻天覆地的变化，正如村西的半洋石帆，扬帆于碧海，通达于天下，筑梦于今天，焕彩于未来。

(六)江楼村

江楼村位于平原镇南部，坐落于三山鼎立之中，北有桃花寨山，东有凤皓山，西有麒山，南临平野川原与南江接壤，可谓山清水秀、地灵人杰的风水宝地，为平潭高氏旺族强村。

江楼村人深明大义，富有斗争精神，敢于同日伪反动势力做不屈的斗争。1925年3月15日，税吏蒋启修带兵到流水西楼村镇压抗税抗捐渔民，江楼进步青年在高诚学带动下，召集土库、看澳青年在县城举行游行示威，并把蒋启修押到西楼村示众。1932年，县长林鹏南把农渔税让税蠹陈学梅承包，加倍征税，引起县民义愤，该村进步青年参加高诚学抗税斗争，并铲除税蠹陈学梅。1931年，“九一八事变”爆发，之后日本军队逐步占领东北三省，国难当头，驻防福建的国民政府十九路军发动事变（史称闽变），成立反蒋讨汪农运会，高诚学为农运副主席，江楼村进步学生同土库、看澳青年一起在苏澳、县城游行示威，高呼“支持福建农运”“提倡国货、抵制日货”“维护民权”等口号。事变失败后，福建省绥靖公署派省防军一个连进驻平潭，清剿参加事变分子，一日之间在土库、看澳、江楼焚烧民房10座，江楼村高氏祠堂和教堂被烧，开明绅士高名国向省城各家报社发表文章，谴责反动派的疯狂罪行，并参加高诚学组织的“长福平三县民众武装自救锄奸团”，与省政府相对抗。

江楼村村景

1948年10月，高飞组织成立平潭人民游击队，江楼村青壮年积极参加，高诚义、高诚春、高扬龙、高纯立、高哲审分别担任游击队骨干，参加解放县城战斗、福清菜安保卫战、永泰剿匪，在抗丁、抗税、反霸斗争中，江楼村成为革命根据地坚强堡垒。游击队员高哲军在看澳海面与敌舰战斗中壮烈牺牲；高名英被国民党73军抓捕，英勇就义；高益糖在驾船护送大军解放平潭时，中弹牺牲。

“为有牺牲多壮志，敢教日月换新天。”江楼村人民为平潭解放、人民翻身浴血奋战，党和人民并没有忘记。新中国成立后，江楼村被确定为革命老区基点村，61位村民被认定为革命“五老”，凡参加游击斗争的享受离休待遇，高哲审、高名英、高益糖被追认为革命烈士。

新中国成立后，江楼村在建设社会主义的进程中，获得蜕变。村建项目得以逐步实施，村容村貌也有很大改观，除农桑耕作外，还大举发展近海养殖、远洋运输、工企商贸、工程建筑等产业，并涌现出一大批出类拔萃的英才。随着平潭实验区建设的稳步推进，江楼村必将成为岚岛大地上一颗璀璨明珠，熠熠生辉。

（七）先进村

先进村原名土库，解放后，在土改反霸和农业合作化中，工作突出，业绩可嘉，故改称为先进村。位于苏澳镇西南端，坐落于寨山、羊仔山、笔架山三山鼎立之中，南接南江大海，村北、村南为二大片沃野川原，一条大溪贯穿村间南北，是村民赖以生存的产粮丰区。更有千亩海域滩涂，开创近五百年的牡蛎养殖传统产业，可谓人昌物阜、地利村旺，为县内高姓大村，近千户，4000多人。

先进村群众历来勤劳勇敢，勤奋创业，又有摧枯拉朽、革故鼎新精神，历代仁人志士辈出。高诚学是民国时期有名的改革派，高名凯是中国语言学家、翻译家，其嫡孙高翔是世界小提琴演奏家、高级教授，称为“一门三杰”，誉满海内外。

1927年，高诚学就秘密加入中共北平地下党，1927年4月6日，中共创始人李大钊被捕，他潜入燕大畜牧场带着一对约克良种猪，长途跋涉回到平潭。自1928年以后，他随同平潭进步人士开展反蒋抗日活动。该村进步青年20多人追随到底，参加“长福平民众武装自救锄奸团”。1938年，高诚学就任福安县长，土库、看澳、江楼进步青年40多人跟随他参加民主改革运动，创办农场、果林场、茶场、畜牧场、卫生学校，践行“出山欲作苍生雨，守土当为万里城”的誓言，为福安人民创业造福。

1944年12月，日军通讯艇“纪宝丸”号窜犯苏澳港，土库村高自珍时任苏澳镇镇长，与县自卫队中队长林正乾一起，根据敌情策划制订作战方案，一举全歼日寇，大获全胜。

1948年10月，平潭人民游击队成立，青年学生高仁光、高名辉、高名标、高亿德、高名庄、高名峰成了游击队骨干，高名庄任中心支

先进村村景

部书记，高名祥任该村书记。1949 年 5 月 5 日，在游击队解放县城战斗中，该村出动青壮年 100 多人参战。1949 年 7 月，73 军退据平潭后，游击队转入外线，村内 50 多人随队转战在福清、长乐、永泰。9 月大军渡海解放平潭，村内多位船员主动负责运送部队，这些船员在新中国成立后成为平潭海运社的创始人。新中国成立后该村被确定为老区革命基点村，59 人被认定为“五老”。

新中国成立后，先进村发生翻天覆地变化，五业兴旺，村貌一新。特别是改革开放以来，与时俱进，经济腾飞，村计民生上了新的台阶，呈现一派欣欣向荣景象。村间道路纵横交错，村部办公楼、学校教学楼、老人活动中心拔地而起，广阔的海域滩涂，已成为得天独厚的海产品基地；而海运、船务、工程建筑更为龙头产业。随着美丽乡村建设的日益深入，先进村必将成为繁昌之地、富庶之村。

(八)大福村

大福村位于海坛岛南端突出部，北部紧邻坛南湾南侧的下湖澳，东北向为著名风景区将军山。该村以渔业为主，全村 700 多户，3000 多人。村风淳朴，渔民勤劳，富有拼搏精神。

在抗日战争时期，该村就是抗击日伪的基点村。罗仲若、林慕曾经常在此从事抗日活动。1946年7月，林中长、施修莪在该村创办夜校，宣传革命道理，发现积极分子，随后发展一批优秀青年入党，并组建一支有30多人参加的“大福武工队”，地下党员林性品任队长，聘请有军事知识的教师对武工队员进行训练。林中长积极为武工队筹措武器弹药，并在澳口设立据点，开辟海上交通线，掩护地下革命活动。其间，曾多次接送曾焕乾、张纬荣、郑杰、徐兴祖、林正光、施修莪、陈书琴等地下党同志往返于岚、融、榕之间，还多次奉命到魁岐等港口护送城工部副部长林白同志安全进出。

大福村一隅

1949年7月，国民党73军退据平潭后，大福村成了清剿洗劫的对象。为此，徐兴祖决定将游击队员隐蔽在林中英等人合办的水产品加工场，装扮成场内工人，摆脱敌人的搜捕。随后，由村党组织派船转移到山边村坑口游击队联络点。为迎接人民解放军解放平潭，王昌镐随带林中长写的“搜集敌情提纲”潜回平潭，秘密与大福村地下党组织取得联系。他们按照提纲要求，搜集到大量的敌方布防情报，绘制多张地图，三次派出林正树、林性森、林心文等人突破敌人封锁，将情报送达82师，得到82师首长的赞扬。9月13日，林中长作为渡海解放平潭的向导，随军从平潭南部渔塘澳登陆，并随军参加解放县城的战斗。

新中国成立后，大福村在党的领导下，凭借得天独厚的区位优

大福村一片瓦景区

势，大力发展捕捞、养殖，逐步摆脱贫穷、落后的局面，走上富裕发达之路。特别是改革开放以来，随着体制创新、机制灵活，生产力得到进一步解放，也促进了村建及各项事业的发展。平潭实验区成立后，旅游业得到飞速发展，每天都有数以千计的国内外游客到此一游。大福村已成为八方瞩目的老区基点村，成为农业部首批“全国休闲渔业示范基地”、福建省第二批“水乡渔村”、闽台十大“乡村旅游试验基地”。

（九）田下村

田下村位于屿头岛中部，与福清市的海口、长乐市的松下隔海相望。为屿头乡行政村之一，省市确定的革命老区基点村。

1934 年 8 月，中共福清中心县委成立，下辖福清、永泰、长乐、平潭 4 个县的党组织，同时建立工农红军游击大队，平潭屿头乡有林学德、林希干、林学龙、林阿仔、林歘相、王圣德等 6 人参加。1935 年 10 月，工农红军福清大队整编为“工农红军闽中游击支队”，林学德任半脱产的情报组长，林希干任小分队分队长。抗战爆发后，福建各地共产党组织和红军游击队自 1937 年 4 月起，相继同国民党地方军政当局进行合作抗日谈判，先后达成国共两党合作抗日协议。根据协议，福建各地红军游击队改编后开赴抗日前线。田下村走出的 6 位老红军战士便在皖南等地抗日战场上浴血奋战，其中 3 位战

田下村村景

田下村红色文化墙

士(林歞相、林阿仔、王圣德)壮烈牺牲。

在战争年代,林学德作战英勇,多次负伤,荣立过二等功 2 次,三等功 1 次,1955 年被中央军委授予三级"八一勋章""独立勋章""解放勋章",并被授予少校军衔。林希干在解放后退伍回乡,始终保持一位共产党员的初心本色。林学龙在战斗中负伤,留在江苏养伤,并在江苏定居。

新中国成立后,田下村同样迎来翻天覆地的变化。往昔贫穷落后的景象被康乐安详所代替。村道通达，环境优美，渔农业兴，百姓安居。近年来，在建设美丽乡村中，村民们以老一辈革命先烈为榜样，传承革命传统，打造“红色地标”。田下村红色革命公园和红色革命纪念墙的开设，成为教育青少年一代的红色基地；老红军们的战斗故事，成为滋养灵魂、涤荡身心的最好教材。

二、重要革命旧址与红色教育基地

（一）陵园建设

大江东去，岁月无痕，但烈士们精神不死，浩气长存。为纪念烈士们的传奇人生、崇高品格，让后来人永远瞻仰之、缅怀之，修建陵园，遂成重要举措。

革命烈士纪念碑

曾焕乾烈士，是平潭地下党早期的领导人和革命武装的主要创建者。抗日战争时期及解放战争时期均建树颇多，是一位能文能武又多才多艺的革命家，是中华民族的精英人才。1948 年 5 月 31 日因“城工部事件”牺牲于武夷山下，时年 29 岁。中共福州市委、福州市人民政府在 1956 年平反城工部冤案之后，寻集烈士灵骨，始葬西禅寺东侧，后移大梦山西侧，1980 年迁葬于革命烈士陵园，并为烈士立碑。碑文镌刻烈士 88 位英名，曾焕乾名列其中，位处第五。此外，福州枕峰革命陵园安放老红军、老英雄林学德的骨灰。

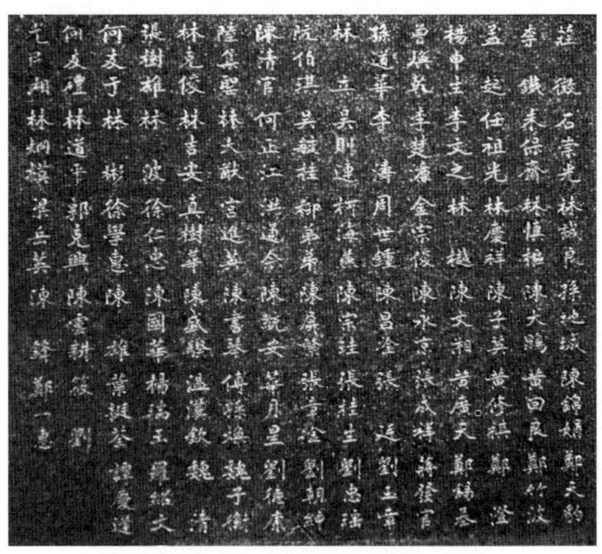

雕刻在革命烈士陵园墓碑上的烈士名单

（第一排以职务排列，第二排起按姓氏笔划排列）

全县性的烈士陵园，始建于 1973 年，坐落于洋潮屿山上，占地面积 2.7 公顷，园中央耸立纪念碑，高 30 米，上镌“革命烈士永垂不朽”8 个大字。碑下石室为烈士骨灰存放处，并设革命英烈事迹展览室。山门至纪念碑共设 170 多级石阶，两侧置有雕塑，栽植木麻黄、相思树、黑松、樟树等树木及花卉。90 年代后，该陵园被辟为爱国主义精神教育基地，并成为每年清明节期间开展祭扫、缅怀先烈的主要场所。1988 年列为县级文物保护单位。2005—2006 年，县政府共投入 22 万元对陵园进行全面整修，使陵园焕然一新。

此外，2001 年县政府启动建设东海陵园公墓，建成后部分烈士遗骸移葬于此，有欧阿辉、刘伯华等烈士。县内部分老区村还在当地建有单座陵墓，安葬革命烈士，如（伯塘）吴国彩、吴翊耀，（看澳）高哲让，（敖东）林慕曾，（梧井村北合葬）吴友龙、吴咸用、高扬文、高哲审、高雄民等。

(二)纪念堂所建设

1995年4月,受民主村两委之托,吴正寿在民主小学创设民主村革命纪念室,陈列部分文物、书刊等,后来县教育局将该室列为爱国主义教育基地。

2001年3月,国彩村两委在新建的宗祠开设革命史迹展览室,展览征集到的有关史料、照片和实物等,由吴正寿、吴金泰负责筹办相关事宜。同年7月,民主村村部大楼落成,在大楼二层特辟革命史迹展览室,由吴正寿、吴金泰等筹办。

2014年9月,为了进一步弘扬革命优良传统,传承老区革命精神,民主村两委自筹资金320万元,利用革命活动点的旧房加以改建,三层楼房面积960平方米,辟为革命史迹馆,由王祥和、刘益泉、吴正寿等老游击队员筹办,除陈列文字图片外,还展出部分史料书籍和实物等。建成后,作为对广大群众及青少年的革命传统教育基地,成为区内红色文化建设的一大亮点。2017年福建省委党史办为革命文物炮楼挂牌,将其列为党员教育基地之一。

(三)革命文物保护

军事遗址玉屿炮楼 1948年9月,平潭游击队为建立革命根据地,保卫游击区,由群众出工献料,在玉屿村(今民主村)构筑三座炮楼,解放后,其中两座炮楼因损坏严重而拆除,所剩一座至今犹存。该炮楼为三层土木结构(包括地下室),高约8米,设有枪孔。1999年省民政厅拨款3万元予以修缮,墙体用水泥加固。2016年在“美丽乡村”建设中,炮楼周边加以绿化,设置护栏及照明等。该炮楼被列为不可移动文物。

活动遗址看澳天后宫 该宫庙始建于清乾隆九年(1744年),建筑面积33.4平方米,面宽4.4米,进深7.6米。硬山顶,平脊,风火墙,主祀妈祖神像。1948年10月,在妈祖宫前举行平潭游击队成立大会。1990年由看澳村高扬旺、高名和、高名山等主持修葺。

2003年由村两委刻立纪念碑。

烈士故居曾焕乾故居　曾焕乾出生于1920年6月20日(农历五月初四),其出生地即为中楼大坪村。今故居尚在,为瓦屋顶矮屋,占地面积60平方米。为纪念烈士的革命功勋,在故居前塑像立碑,并着手予以修缮,借以展览其生平事迹。

三、革命史料的编写出版

1981年6月开始征集党史资料,其工作机构为县委党史资料征集委员会,1982年7月改称县委党史领导小组,下设办公室。

1988年10月,出版《平潭党史大事年表》;1989年6月,出版《平潭党史资料》第一辑;7月出版《平潭烈士专辑》;1991—1992年出版《平潭党史大事记》与《平潭党史大事记增订本》,计17万字,以及《平潭党史资料》第三辑、第四辑;1992年出版《福建省平潭县组织史资料》,计20万字;1994年5月至1995年6月,完成组织史"补编"与"续编",合计13万字;1995年出版《平潭党史资料》第五辑与《平潭革命史》,计12万字。

1996—2003年,县委党史研究室先后编辑出版《平潭党史资料》第七辑、第八辑及《平潭英烈》,约50万字。2004年5月,编辑出版《峥嵘岁月》,约10万字。2008年12月,编辑出版《中国共产党平潭历次代表大会资料汇编》,约40万字;同时出版《平潭党史大事记》,约10万字。在上述大部分的史料编写工作中,离休老干部何可澎先生付出大量心血,做出重大贡献。

平潭综合实验区成立后,区党工委一以贯之地坚持开展党史资料收集与编纂工作。2014年7月,平潭综合实验区党史方志研究中心成立,将原中共平潭县委党史研究室、平潭县地方志编纂委员会并入其中,归区党工委、管委会办公室管理。当年完成《全国红色旅游丛书》(福建卷)平潭部分的编纂工作;充实完善平潭抗战时期人口伤亡和财产损失调研工作,全面启动《中共平潭地方史(社会主义时期)》(1949—1978年)的编纂工作;完成《中共福建党史人物(社会主义时期)》第三卷涉及平潭党史人物的初稿编纂。与此同时,完成《平潭党史大事记(1933—2009年)》、《平潭事略(2008—2013年)》、《平潭综合实验区大事记(2009—2014年)》和《见证福建海防斗争(1949—1978)》平潭部分的资料征集工作。

除县委党史研究室专业从事党史资料的收集、编纂外,社会各界人士也以各种方式参与党史资料的收集整理及编写出版工作。主要有:

徐兴禄编著:《迟到的花环》,内部资料,2013年。

徐兴禄编写:《岚岛烽火》,内部资料,2014年。

王祥和编著:《岁月留痕》,内部资料,2014年。

曾瑞生编著:《赤胆忠魂——纪念曾焕乾烈士诞辰九十五周年》,内部资料,2016年。

冯秉瑞:《峥嵘岁月稠——翁绳金传》,福州:海峡文艺出版社,2016年。

周裕惠编著:《情系海坛集》,内部资料,2017年。

冯秉瑞、吴怀民:《他在丛中笑——吴秉瑜传》,福州:海峡文艺出版社,2017年。

冯秉瑞:《清气满乾坤——林中长传》,福州:海峡文艺出版社,2019年。

冯秉瑞:《丹心照汗青——曾焕乾传》,福州:海峡文艺出版社,2019年。

冯秉瑞:《铁骨丹心——吴秉熙传》,福州:海峡文艺出版社,2019年。

附编二 英烈风采

一、烈士传略

在抗日战争与解放战争时期，平潭老区人民在地下党组织的领导下，展开了前仆后继、气壮山河的斗争，涌现出不少敢洒热血写春秋的英雄模范人物，在出生入死的烽火年代，奉献出青春，奉献出生命。"烈士传略"记述部分烈士的事迹，史料的来源，主要是党史资料及新版县志，其次是已经出版的专著、文稿。本章入传英烈 14 名，排名不分先后。

高扬文、吴友龙、吴咸用、高雄民、高哲审烈士墓

曾焕乾

曾焕乾，平潭县中楼乡大坪村人，1920年6月16日出生。少时在村塾就读，1933年秋入学岚华初中。1936年考入福州英华中学，并积极参加校地下党领导开展的抗日救国活动，兼任进步刊物《萤火》的编撰工作。1938年辍学回平潭，以在盘团小学任教为掩护与周裕藩一起创办农民夜校，开展抗日救亡与传播马列主义的革命活动。1939年，曾焕乾就学于迁往大田的集美商校。在校内创办《萌芽》刊物，传播进步思想，不久即被查封。1941年，在南平创办“剑城书店”，出售进步书刊。1942年夏，与周裕藩一起筹建沿海突击队。

曾焕乾

1943年3月，因策划去广东南澳袭击日伪军翁尚功所部，遭国民党逮捕。同年秋经营救出狱，后考入迁往邵武的协和大学农经系。入学不久即公开组织读书会和秘密组织“马列主义学习小组”，得到中共闽江工委和省委的重视和赞赏。1945年抗日战争胜利后，协和大学迁回福州，曾焕乾就任闽江工委学生工作委员会书记，负责领导全市的学生工作。

1945年10月，为了筹集党的活动经费，他派王韬去台湾开福兴商行，同时在福州大中专学校发展革命力量。11月，他以协大平潭籍学生为骨干组织“平潭旅外同学奔涛学术研究会”。通过同乡学生迅速在全市大中专院校里播下革命种子，推动协和大学及黄花岗中学等多所学校成立党组织。1946年3—4月，曾焕乾计划在平潭搞武装暴动，并先后派杨尊文、郑克章去江西搞策反。计划得到闽江工委和省委的批准后，曾焕乾于9月组建海上游击队，作为平潭武装暴动的主力。10月，调离学委，专门负责平潭的武装暴动和江西策反工作。12 月，为解决地下武装药品短缺问题，曾焕乾通过多方努力，将国际救济总署给平潭基督教医院的一批西药运到游击区去。随后，又巧妙地从国民党粮仓里调粮 10 多吨，运往游击区。

革命犧牲工作人員家屬光榮紀念證

字第〇〇六九七號

查曾煥乾同志在革命鬥爭中光榮犧牲，豐功偉績永垂不朽，其家屬當受社會上之尊崇。除依中央人民政府「革命工作人員傷亡褒卹暫行條例」發給其家屬卹金外，并發給此證以資紀念。

主席 毛澤東

一九五六年　月十七日

曾焕乾烈士证书

1947 年 1 月，中共闽江工委改组为中共闽浙赣区委员会城市工作部，成立闽浙赣地下军司令部，曾焕乾任副司令兼司令部下辖的闽海纵队司令、政委。同时被评为培英、武装、经济、据点“四项英雄”。

是年 10 月，曾焕乾调任闽北地委常委兼闽北地委城工部部长，在崇安县开展统战工作，同时在赣南一带筹划策反。1948 年 4 月发生“城工部事件”，5 月曾焕乾被错杀于武夷山下，年仅 29 岁。他的牺牲，使赣南起义功败垂成。

1956 年，中共中央为福建城工部平反，曾焕乾被追认为革命烈士。

周裕藩

周裕藩，平潭县流水镇盘团村人，生于 1920 年 1 月 29 日。

1932 年，周裕藩跟随祖父到福清松潭小学念书。1934 年小学毕业，考入福清县立初级中学。在进步教师陈聪章、俞建曦的教育下，积极参加传阅进步书刊和抗日救国的宣传活动。后来与福清地下党人余长钺、陈亨源相识，在革命前辈教育下，接受马列主义真理。1937 年 6 月，余长钺等几位领导人被杀害，激起他对国民党反动政府的痛恨，毅然申请加入中国共产党。

周裕藩塑像

1938 年 9 月，周裕藩回到平潭，在盘团小学以任教为掩护，与曾焕乾一起创办平潭第一所农民夜校。同时组织文艺宣传队宣传抗日。1939 年春，就学于福州协和农业学校，秋又回平潭活动。1940 年，中共福清中心县委成立，周裕藩为平潭县个别联系负责人。随后他和曾焕乾一起在大扁岛（1956 年归属福清）与福清的硋窑，建立抗日游击队。曾焕乾任指挥，周裕藩任副指挥兼队长。

1941 年 4 月，福州、长乐、福清相继沦陷，他与曾焕乾一起在南平创办“剑城书店”，出售革命书刊。6 月，奉闽南特委黄国璋、陈亨源之命回平潭成立“大富民众自卫团”，周裕藩为总负责人。月底，自卫团在海上击毙抢劫商船的日伪军 1 人，俘 4 人，缴获驳壳枪 4 支、曲九 1 支。返航时得悉日伪军数人溜回南井村，周裕藩下令乘胜直捣南井村，击毙中队长王代明等 3 人，缴获驳壳枪 1 支、步枪 3 支。

1942 年 6 月，周裕藩奉命筹组“闽中沿海突击队”，9 月正式成立，周裕藩任指导员。12 月队伍开往乌丘岛，打入日伪军张天祯部，争取沿海股匪及日伪军反正，以扩大武装力量。

1943 年 8 月，成立中共福长平海口特区委员会，周裕藩任书记。1944 年春，沿海突击队奉命暂时分散活动，待命集中。是年冬，周裕藩在平潭发展一批党员，成立大富片与盘团片两个党小组，成为平潭最早成立的中共组织。同时与原国民党海军少校陈魁梧合作，在福州鼓山成立抗日游击队，周裕藩任队长兼政委，陈魁梧为指挥官。11 月鼓山游击队在海上截击一艘日军的运粮船后，为日军所包围，队员 7 人被杀害于福州码头。鼓山难以立足，周裕藩带部分人员回长乐。

1945 年 1 月，奉命恢复沿海突击队，周裕藩与林慕曾带 10 人开赴长乐东洛岛。平潭县县长林荫得悉此情，派自卫队两个分队围攻东洛岛。突击队击退来犯之敌并俘虏 10 多人，缴获一批武器。由于过分优待俘虏，疏于戒备，2 月 1 日，俘虏突然暴动，周裕藩在搏斗中英勇牺牲，年仅 25 岁。

中华人民共和国成立后，为纪念周裕藩对革命所做的贡献，将其家乡盘团村，改名为裕藩村。1956 年 11 月，省人民政府追认其为革命烈士。

林慕曾

林慕曾，平潭县北厝镇天山美村人，1914 年 6 月 14 日生。父亲为清末秀才，以教书为业。林慕曾少时随父读书，14 岁入县办兴文小学，插班五年级。15 岁小学毕业，因家贫无法升学，回乡务农。

1935 年，林慕曾考入县办小学教师训练班，担任小学教员。“七七事变”后，日本侵略军发动全面的侵华战争，林慕曾怀着救国大志，考进乡政人员训练班。在训练班中，他练就一手好枪法。两年后毕业，任平潭县大中联保主任。1940 年夏，日伪“和平救国军”侵占平潭，他弃职回家务农。当年秋，平潭光复，他因不愿复职受到国民党政府的通缉，逃到永泰县，在运输站当职员谋生。

1941 年 6 月，日伪“和平救国军”再次侵占平潭时，中国共产党领导下的流水大富民众自卫团宣告成立，林慕曾与王韬等慕名前来参加，从此走上革命道路。

1942 年 9 月，在中共闽中特委领导下，“沿海突击队”成立，周裕藩为指导员，林慕曾为队长，王韬为副队长。突击队以莆田乌丘岛为基地，活动于闽江口至乌丘海域。林慕曾以精确的枪法多次在海面上重创日伪军，而闻名遐迩。1944年10月，林慕曾被接纳为中国共产党党员。1945年1月中旬，林慕曾与周裕藩带领10名突击队员，开赴长乐东洛岛。2月1日，平潭县政府的两个自卫分队前来围攻。激战一个多小时，突击队打退敌人的进攻，俘敌10多人，并缴获一批武器。由于过分优待俘虏，疏于防范，导致俘虏们突然暴动，周裕藩当场牺牲，林慕曾等7人相继被捕。2月5日被押回平潭。

2月7日凌晨，林慕曾得知自己将要被杀害后，他从容写完3封信，一封给闽中党领导，一封给徐兴祖同志（沿海突击队筹建人之一），一封给亲属，嘱同狱同志出狱后为之转交。后又挥笔写下一对自挽联："杀首足千秋，黄炎民族应有恨；伤心唯一事，白发老母更何依。"临刑前，将身上大衣脱下送给难友御寒，并鼓励同志们继续战斗，随后昂首挺胸走向刑场，英勇就义，年仅31岁。1956年11月，省人民政府追认为革命烈士。

陈书琴

陈书琴，男，平潭县潭城镇人，生于1919年农历十一月，1948年4月被错杀。

陈书琴的少年至青年时期恰逢国难当头，因此早怀报国之志，在岚华初中学习时就积极参加进步社会活动，1940年2月，陈书琴与平潭进步青年张纬荣、陈志洁、林天杰、郑熙森等成立"平潭五四青年会"，弘扬"五四"精神，唤起青年报效国家，并积极开展抗日救亡和社会革新活动，同时出版《岚声》小型刊物，宣传抗日救国，组织演出抗日闽剧《咱们俩共同杀敌去》和《团结起来，共赴国难》，深受群众的欢迎。

1941年5月，日伪军侵占平潭后，平潭五四青年会大部分会员前往福清参加抗日游击队，陈书琴留在平潭发动群众，宣传抗日。当年9月平潭光复后，陈书琴于次年年初在县三青团创办的青年服务社所属的青年商店当营业员，并加入进步青年组织"紫电篮球队"，开展革命活动。而林荫也想拉拢这些青年为他所用，就以组织

“三青团战地服务队”(以下称“战服队”)为名,动员陈书琴等人加入。于是,经地下党组织同意,陈书琴加入“战服队”,利用合法身份开展抗日宣传活动,抨击土豪劣绅不法行为。后因触犯林荫集团利益,“战服队”多数成员被抓捕,陈书琴与洪通今跳窗逃脱后连夜赶往福清培训班报讯,发动平潭学员罢课抗议,最后林荫被迫释放进步青年。

1945 年 2 月 7 日,日寇在平潭东尾登陆。陈书琴得悉,带领 10 多人主动跟随平潭自卫队后备第二中队参加东尾歼日的战斗,击毙日寇指挥官三川四郎大佐,炸毁敌机枪阵地,取得歼敌大部的胜利,陈书琴由此名声大噪。1946 年 9 月,闽江工委批准曾焕乾拟在平潭搞武装暴动的计划。曾焕乾以紫电队成员为骨干发展武装力量,成立“海上游击队”,任命洪通今为政委,陈书琴为队长。次年 2 月,因海上游击队大部分武器在运输途中遇风翻船而沉入海底,为补充武器,陈书琴带林祖耀等 6 人化装成自卫队员,以查船为名,登上停靠在潭城码头的国民党官船,试图劫夺船上武器,但未果,时称“码头劫案”。

事件发生后,由于林荫严加追查,武装暴动的计划被迫放弃,曾焕乾为此严肃批评陈书琴等人的错误行动,并布置相关人员撤出平潭。陈书琴外出暂避风头,不久到福州跟随闽浙赣区党委常委阮英平到闽东地区参加游击队,担任警卫队队长。1948 年三四月间,阮英平到福州找省委书记曾镜冰汇报工作,临行时带陈书琴同行。他们二人化装走到宁德与古田交界处,遇到国民党保安队搜山。听到枪声后,阮英平要陈书琴到前面侦察情况,但陈书琴回来时却不见阮英平。由于在附近没有找到阮英平,加上敌人正在搜山,陈书琴估计阮英平会向福州方向走,便赶到福州找到党组织了解情况。当得知阮英平并没有来福州后,陈书琴立即化装成卖鸡的小贩又沿原路寻找,险些被敌人捕杀。在群众掩护下,他赶回闽东,还是没有得到阮英平的音讯。于是他又冒着危险,一再往返于福州、闽东之间到处寻找阮英平下落,但始终无果。于是陈书琴便被福建省委认定为杀害阮英平“凶手”而被错杀,年仅 29 岁。

1956 年"镇反"时，阮英平被杀一案告破，陈书琴冤情得以昭雪平反，被追认为县团级干部、革命烈士。1967 年，县委、县政府在平潭影剧院隆重召开追悼大会，将其骨灰从闽东革命烈士墓移葬县革命烈士陵园。

刘伯华

刘伯华，原名刘文田，1914 年 4 月 15 日生，四川彭山县人。刘伯华少年好学，在彭山县读完小学、初中，后考入四川东方美术专科学校。美专毕业后，回彭山任教，常在《介田田画刊》上发表宣传抗日的漫画。

1935 年，任教于重庆四维小学。不久国民政府军事委员会别动总队招生，他怀着报国热忱，前去报考。考取后受训，才知别动队无意抗日救国，而是研究"灭共"，乃愤然逃跑。为此受到国民政府军事委员会的通缉，遂改名伯华躲回彭山。

1936 年冬，应四维小学同事、时任平潭教育科长的来文华之邀，刘伯华离开新婚之家到平潭，就任潭城中心小学教导，不久改任校长。

潭城中心小学在刘伯华领导下迅速成为平潭抗日救亡的中心。他为了唤起民族觉醒，将爱国主义与抗日救亡的教育渗透到课堂活动之中。他反对封建迷信，也反对在学校宣传基督教。他利用介绍历代民族英雄与各国伟人的机会，将中国共产党的领导人毛泽东与朱德的肖像也张挂出来，向学生讲述红军长征的故事。

"七七事变"后，日本帝国主义发动全面的侵华战争。为协助政府抗敌，刘伯华将高年级学生组织起来，成立"少年团"，进行军事训练，学习战地救护知识。他的行动受到县长罗仲若的赞赏，成为政府抗日的得力助手，并被公推为抗敌后援会总干事。

1939 年 5 月，日伪军活动猖獗，平潭危急，学校停课。刘伯华将年长体壮的少年团员 20 余人组织起来，发给枪支，协助军警日夜巡逻警戒。6 月 29 日晚 10 时，他从县政府议事完只身回校，中途被预先埋伏的叛军杀害，年仅 25 岁。

1996 年 11 月 3 日，县委在平潭影剧院召开追悼会，同时举行遗骸迁葬仪式，墓地设在县东海陵园。

杨清琪

杨清琪，男，平潭县潭城镇杨厝墼村人，生于 1921 年农历十月，1949 年 4 月被错杀。

杨清琪出身贫苦家庭，15 岁才上学读书。抗日战争胜利后，他考入福州协和农业职业学校。但国民党发动全面内战打破了他和平生活的幻想，为追求真理，杨清琪于 1946 年加入曾焕乾发起组织的“平潭旅外同学奔涛学术研究会”。在革命先行者引导下，杨清琪广泛阅读进步书籍，积极参加革命斗争活动。当年 10 月，他配合翁强吾等发动学生向林荫清算旅外学生助学金账目，迫使林荫减少渔盐附加税款。12 月，北京发生美军强奸北大女生事件后，杨清琪积极响应福州市学生联合会号召，组织福州协和农业职业学校全体同学参加全市学生抗暴示威大游行。

杨清琪以其实际行动取得党组织的信任。1947 年 2 月，经张纬荣介绍，杨清琪加入中国共产党。入党后，他更积极投身于各项政治斗争。当年 3 月，杨清琪参加福州市罢课大游行，抗议警察无理殴打学生，迫使福建省主席刘建绪下令惩办凶手，并赔礼道歉。5 月，杨清琪发动福州协和农业职业学校学生参加“反饥饿、反内战、反迫害”示威大游行，迫使当局改善学生生活待遇，继续供应平价米。11 月，杨清琪担任中共福州协和农业职业学校党支部书记后，注重发展党员，壮大党组织队伍，至次年年初，杨清琪先后发展 10 多位青年加入中国共产党。

1948 年 1 月，杨清琪受党组织派遣，与曹于芳一起到福清开展革命活动，在龙田、高山、阳下、宏路等 4 个地区建立据点，创建一支拥有 2 支冲锋枪、4 支卜克枪和 1 支短枪的武装队伍，杨清琪任队长。至 11 月，共建立 21 个据点和 1 个游击大队。正当革命活动蓬勃开展之际，1949 年 2 月，闽中地委宣布城工部为“红旗特务”组织，勒令停止活动，接着便在福清各地抓捕城工部党员。杨清琪一边设法营救被捕同志，一边通知各点暂停活动，隐蔽待命。4月初，杨清琪到福州向上级党组织请示工作，路过福清阳下村时被闽中游击队逮捕。被捕后，闽中地委要求杨清琪交出张纬荣和他发展的党员名单。为了保护无辜战友不被错杀，杨清琪毅然拒绝了闽中地委要求。4月7日，这位忠诚党的事业、英勇无畏的共产主义战士终于被错杀。临刑前，杨清琪站在自己挖的墓坑旁，脱下身上单衣，连同一支钢笔，交给党组织，要求将之转送给贫苦农民和革命同志。为了节约子弹，他还请求将他活埋。最后，在高呼"中国共产党万岁！""毛主席万岁！""向革命同志致敬！"等口号后，杨清琪被枪杀。

1956年，中共中央为"城工部事件"平反，追认杨清琪为烈士。1964年，杨清琪的遗骸被运回平潭安葬。平潭县委在县实验小学广场召开近千人参加的追悼大会，对杨清琪的大无畏革命精神和为党的事业做出的重要贡献给予高度肯定和评价。

林　斌

林斌，男，字志毅，化名丁余，平潭县北厝镇美楼自然村人，生于1916年农历十月，1949年4月，被错杀于长乐首祉溪南。

林斌少年时先后就读于长乐松下村、平潭县平原乡官井村，平原乡玉瑶村等处小学。"卢沟桥事变"发生后，林斌决定从戎抗日，赴福州参加警官训练所培训，结束后被分配到平和县从警，后转漳州保安队任分队长。1939年，林斌秘密参加地下党组织，从事抗日救亡的革命活动。1940年夏，林斌离开漳州保安队，欲回平潭抗日，但由于平潭被日伪军占领，交通中断，有家难归，遂到泉州浮桥税务所工作，后转惠安县埕边盐场做文书。

1942年秋，林斌离开惠安县埕边盐场，以经商为名，先后到福州、长乐等地与平潭地下党领导人曾焕乾、周裕藩、林慕曾、徐兴祖等秘密联系，积极筹划抗日武装斗争。1943年9月，林斌由周裕藩（时任闽中党海口特区书记、沿海抗日突击队政委）、陈吓当（时任地下党海口特区委员）两人介绍参加闽中地下党。同年11月，根据周裕藩指示，林斌在屿头岛建立抗日沿海突击队的活动基地。1944

年冬，林斌奉党组织派遣，到仙游县枫亭税务所任职，执行特殊任务。不久，沿海抗日突击队政委周裕藩、队长林慕曾相继牺牲，他便转到闽江工委曾焕乾处继续开展地下革命斗争活动。

1945年秋，林斌奉命往惠安开展地下革命活动，秘密组织武装暴动，因走漏风声遭敌人追捕，后脱险。1946年秋，林斌随同徐兴祖、郑杰（又名林正鼐）到台湾，以震球商行为掩护开展革命活动，后奉命回平潭，恰遇平潭地下党策划的“码头劫案”事发而被捕，经多方营救幸免于难。出狱后，林斌离开平潭前往福州，于1948年春在五县中心县委根据地担任东岭游击队副队长，当年4月回平潭开展地下斗争活动。1948年8月，林斌受命到连江壶江策反保安团。因木帆船遇退潮搁浅，一行人被敌人发现并发生冲突，同行陈作雄牺牲，林斌与曹于芳两人泅水脱险，当年9月回到东岭根据地。

1949年年初，福建“城工部”冤案发生后，林白遵照陈亨源指示任命林斌为平潭游击队长，派他回平潭接管游击队武装。当时，张纬荣（平潭游击队政治主任）已通知高飞，无论任何人来都不能让其把游击队拉走，所以林斌只得另做打算，决定在潭东、潭南一带另行组织武装队伍，开展革命活动，并派曹于芳到屿头岛把藏在他家的11支长枪、2支驳壳枪交给闽中游击司令部王金献。当年4月，林斌在东庠缴获几支长枪，然后回到松下求见陈亨源。不料，闽中游击司令部认为林斌故意违抗命令，便派人将林斌错杀于长乐首祉溪南边的小山下。

1955年，林斌冤案得到平反，并被追认为革命烈士。1985年12月29日，中共平潭县委对林斌党籍问题予以认定。

杨尊文

杨尊文，男，平潭县流水人，生于1920年，1949年2月被错杀。

杨尊文自幼因家贫无力抚养，被家人送给平原镇酒店村杨长盛为子。幼年时，杨尊文在本村读书，1937年转入县城潭城中心小学求学。由于他勤奋好学，深受校长刘伯华和班主任郑克立的喜爱。小学毕业后，杨尊文考入平潭岚华初中，继续求学。抗日战争期间，平潭先后 6 次沦陷，岚华初中内迁福清，杨尊文因之辍学。

1944 年，杨尊文受聘在县潭城中心小学任教，次年回酒店村担任龙泉中心小学教师，利用课余时间经常组织师生高唱抗日救亡歌曲，组织文艺演出，宣传抗日。抗战胜利后，杨尊文考入福建师范学校附中继续深造，同时接受进步思想，积极参加革命活动，于 1946 年经中共闽江党委学委曾焕乾介绍加入中国共产党。入党后，杨尊文更积极投身革命，常以“绿汀”笔名在校刊或墙报上发表抨击反动派的诗词、小品，引起国民党特务的注意。为保护同志，党组织命令他离校，转入地下工作。

在解放战争取得节节胜利之际，为扩大敌后革命队伍，加强武装斗争，争取赣南地方武装为我所用，曾焕乾向中共闽浙赣区党委请示，经批准后派杨尊文到赣南活动。接受任务，杨尊文由福州经建阳到达赣南，在遂川县日报社任编辑，并以此为掩护，开展革命活动，培养一批进步青年。

1948 年，解放战争进入全面反攻阶段。由于国民党军心涣散，赣南地方部队部分骨干早与杨尊文有联系，试图通过郑克立、杨尊文密商弃暗投明。但此时曾焕乾因“城工部事件”已被党内错杀，杨尊文与之失去联系。在联系不到党组织，自己又不敢私自做出决定的情况下，杨尊文于当年 8 月间找到南昌城工部负责人李健，要求上羊岭山见领导。李健因有两支快慢机卜克枪急于送上山，遂派吴志福、吴植佛二人陪同杨尊文前往。

1949 年春节前后，因“城工部事件”蔓延，杨尊文被错杀。与其一起上山的吴志福、吴植佛两人也被怀疑并惨遭错杀。1956 年“城工部事件”平反后，杨尊文的冤案得以昭雪。但杨尊文遭错杀后，赣南地方武装起义计划流产，这是党的一大损失。

曹于芳

曹于芳，男，平潭县澳前镇井边村人，生于 1922 年农历十二月，1949 年 3 月被错杀。

民国时期，平潭沿海盗匪猖獗，渔民深受渔霸盘剥。因家境拮据，曹于芳兄弟二人从小就学会讨小海和出海捕鱼，并勉强读完小学。抗日战争爆发后，曹于芳在时断时续中念完福清龙田融美初中，1944 年考入沙县省立福州高级中学，至 1948 年春毕业。

抗战胜利后，省立福州高级中学从沙县迁回福州，更名省立福州中学。这时期，中共闽江工委第一届学委书记曾焕乾在福州组织“平潭旅外同学奔涛学术研究会”，通过传阅革命书刊和举办不定期的学术报告，宣传革命理论，灌输进步思想。曹于芳积极参加研究会活动，并被编入张纬荣担任书记的福长平学委小组，他如饥似渴地大量阅读进步书刊，在学习中不断升华自己的思想认识，提高阶级斗争觉悟。1947 年 3 月 25 日，张纬荣参与领导福州学生抗议警察无理殴打、抓捕省立福州中学学生的抗暴斗争，迫使省政府答应学生的全部要求。曹于芳在抗暴斗争一开始，就义无反顾地投入运动之中，在斗争中得到教育和锻炼，并于当年 4 月加入中国共产党。

入党后，曹于芳更加积极地参与福长平学委省福中支部建设，在多所学校发展组织，开展地下革命活动，先后发展 10 多名党员，并按照上级党组织的要求选送骨干人员到革命根据地。

1948 年春，曹于芳高中毕业后调回平潭，任中共平潭县委潭东区委书记，在渔区开展革命活动，先后建立井边、东澳、斗门 3 个活动小组。5 月，为加强中心县委游击队力量，他被调往中共闽（清）古（田）林（森）罗（源）连（江）五县中心县委领导的游击队，组织开展武装斗争。6 月，中心县委主力因急需添置武器弹药加强武装力量，指派曹于芳负责搞到一批武器弹药。受命后，曹于芳通过多方侦察得悉平潭县四维公司所属的“济兴”轮上拥有轻机枪等一批武器弹药。随后，他带领一支装扮成国民党省保安团的人员登上靠泊在福州台江码头的“济兴”轮，收缴船上的轻机枪等一批武器弹药，支援中心县委主力在小北岭山区的武装斗争。当年年底，曹于芳还配合沿江工委书记陈雄等 7 人前往连江壶江收缴敌驻军武器，但由于内线情报失误，与国民党中央军某部发生正面冲突，陈雄和吴家温当场牺牲，曹于芳临危不惧，率众跳海泅渡突围才幸免于难。

1949 年 1 月，曹于芳受张纬荣派遣南下福清，计划在福清东线配合龙田地区的沿海武工队开展武装斗争。不料因“城工部事件”在闽中地区公开化,中共闽中地委公开张贴布告,宣称“城工部为特务组织”,并下令逮捕城工部党员。为表明心迹,向上级领导“讲清楚”,张纬荣决定派曹于芳和林位恩两人前往中共闽中地委。3月8日,他俩到达福清县海口镇斗垣村时,即被抓捕软禁。一个星期后的夜晚,未经任何审讯,两人被绞杀于斗垣村临海村口的大树下。1956年,中共中央为福建“城工部事件”平反,曹于芳和林位恩两人被追认为革命烈士。

洪通今

洪通今,男,平潭县潭城镇人,生于1923年农历九月,1948年1月被错杀。

洪通今在潭城中心小学读书时,正逢国难当头。在进步校长刘伯华的教育下,洪通今积极参加学校组织的抗日宣传与文艺演出活动。1939年洪通今小学毕业后到岚华中学就读,但因家境艰困,读一年后辍学。

1940年5月,平潭进步青年组织成立“平潭五四青年会”,创办《岚声》小型刊物,宣传爱国抗日思想,洪通今作为积极分子之一,经常在工作之余到图书馆借阅进步书籍,与进步青年陈书琴、林祖耀、念克谦、陈孝仁等接触,谈论时政,针砭时弊。1943年,中共地下党负责人曾焕乾委派施修莪回岚发展党组织,引导洪通今等一批先进青年组织进步团体,开展抗日宣传和革命活动。

1944年6月,由平潭进步青年组成的一支24人“紫电”篮球队正式成立,洪通今是篮球队骨干之一。同年7月,国民党县长林荫为笼络进步青年,成立“三青团战时服务队”,吸收“紫电”骨干参加,为借助“三青团战时服务队”合法身份开展革活动,经请示地下党负责人曾焕乾后,洪通今与陈书琴、林祖耀、念克谦、陈孝仁等一批“紫电”篮球队骨干加入“三青团战时服务队”,并在开展抗日宣传、打击走私资敌、禁赌禁毒、惩办赃官劣绅等一系列活动中引起积极反响,取得较好社会效果。洪通今的领导能力与过人胆略,在各次活动中展现无遗。10 月，日寇二度侵占福州、福清，平潭局势危急。林荫为扩充自卫队，成立自卫队后备第二中队，决定取消“三青团战时服务队”，“紫电”篮球队骨干成员通过私交打入自卫中队，继续开展抗日救亡宣传工作。

抗日战争胜利后，洪通今以读书为掩护，进入黄花岗中学就读。鉴于洪通今的表现，1946 年 2 月，曾焕乾将他与林中长、林正光、施修莪等人吸收为中共党员。下半年，洪通今跟随曾焕乾在福州、福清一带开展革命活动，负责为根据地筹粮、策反等工作。

1947 年 2 月，洪通今参加福建省委城工部召开的龙山会议，会上被评为武装英雄。3 月，福长平工委与闽海纵队司令部在福清东张灵石山成立，洪通今被任命为工委委员与纵队下设的支队长兼政委之一。10 月，林正光在福州被捕，洪通今冒险到福州找黄花岗中学校长林素园，请求出面营救使林正光得以脱险。

1948 年 1 月底，郑杰调往闽北地委工作，洪通今奉命前往接送。但正当洪通今准备动身之时，省委来了一位交通员把他叫去，此去就再也没有返回，事后得知，因福建“城工部事件”，作为其成员的洪通今被福建省委错杀。1956 年，中共中央为福建城工部冤案平反，洪通今被追认为烈士。

陈作雄

陈作雄于 1920 年出生于平潭县东庠乡东进村农家，父亲陈贤美，有五个男孩，长子陈常琳、次子陈常琦、三子陈常瑜，作雄居四，原名常瑞，常琰居五。1934 年 6 月，陈作雄在厦门双十中学念书时，便积极参加革命活动。1935 年，陈作雄在厦门参加革命活动被捕。

1937 年 7 月 7 日“卢沟桥事变”后，国共两党实现合作抗日。1938 年 3 月，新四军参谋长张云逸到福建交涉释放了两批政治犯，陈作雄于此时被营救出狱。出狱后不久，随张云逸到江西南昌，在新四军三支队司令部当参谋。三支队司令张云逸，副司令谭震林。

1938 年冬，日军向紧靠长江的皖南门户的繁昌进军。第三战区调新四军第三支队到繁昌地区同国民党第 52 师、144 师一起担任繁昌、铜陵、南陵境内长江沿岸的防御作战任务。

1939年,新四军第三支队先后五次取得了保卫繁昌的胜利。陈作雄是第三支队的参谋,经历这几次的战斗。由于他有肺病,战斗又频繁,司令员张云逸曾动员他回家休养,他拒绝了。并主动提出去三支队司令部特务连工作,这样更有机会直接参加战斗。五次保卫战,共歼敌2000多人。

1940年日寇不甘心失败,又组织大批部队先后进行二次的对繁昌的“扫荡”。第一次在4月23日到5月3日,新四军三支队与日寇进行10余次战斗,共毙伤故1000余人;第二次反“扫荡”在10月4日至9日,毙伤日军数百人,并夺回泾县,再次粉碎敌人的扫荡。陈作雄阵亡于第一次还是第二次反“扫荡”,至今无法确定,只知道他是在与日寇拼刺刀时英勇牺牲的。

陈孝仁

陈孝仁于1920年正月出生在平潭县岚城乡中坑村,7岁上私塾,随后转到岚光小学,后来又转到福清龙田小学。在该校毕业后,回到平潭进入岚华中学,当他读到初三年级时,正值日寇侵华,抗日战争爆发,国难当头,他毅然投笔从戎参加县长罗仲若领导的抗日游击队,同时参加陈书琴组织的“平潭县五四青年会”,宣传和推动抗日救亡工作。

1939年6月,日伪第一次侵占平潭,陈孝仁组织爱国青年杨建福等投入当时国民党县长罗仲若组织的抗日游击队。从1939年6月起至1941年9月止,陈孝仁和平潭爱国青年一起六次进出平潭浴血奋战,直至平潭完全光复。

1941年在福清抗日期间,陈孝仁最早和平潭地下党领导人曾焕乾接触,他的英勇顽强性格很受曾焕乾的赞赏。

1942年平潭光复后,陈孝仁由于英勇善战,被任命为县自卫第一中队分队长。他没有官架子,和士兵打成一片,爱护和关心士兵,很受士兵爱戴,有的至今还念念不忘。

1943年秋,陈孝仁和杨建福二人被调入福建省保安队军官训练班受训。当时国民党训练班都采用一套法西斯训练方式，陈孝仁深感不满，半途和杨建福二人托病逃跑回潭，受到福建省保安处的“通缉”。当年冬，曾焕乾派施修莪回潭通过洪通今组织城关青年参加革命活动，洪通今首先找到陈书琴、陈孝仁，在他二人发动下，组织12个人，以结义形式结成小团体，陈孝仁说：“以我们这些人为核心，团结周围青年，就是虎牙也敢拔它。”

1944年5月间，陈孝仁参加福清县运动会回来。6月，组织24人成立“紫电”篮球队。就在这时，林荫企图通过陈孝仁拉拢紫电队参加他组织的“战时服务队”（简称战服队）。陈孝仁将这一情况与洪通今等磋商，决定利用“战服队”合法招牌，进行反对林荫集团反动统治斗争。

1944年10月，日寇再次侵陷福州和沿海各县，平潭县县长林荫解散战服队，扩编自卫队，陈孝仁调任县自卫后备第二中队任分队长。当时反动派内部或战或降举棋不定，陈孝仁在大路顶俞秉孝家中，集合分队长杨建福、念克谦、事务长林祖耀和全中队九个班长盟誓表示抗战到底的决心。

1945年2月，日寇乘舰艇5艘，侵犯平潭东尾，后备二中队参加东尾歼敌战斗，陈孝仁被任命为突击队副队长，与队长韩祯琪率带突击队奔袭东尾马祖宫守敌，一举击溃顽敌，占领马祖宫，接着向白犬山进攻。他不顾个人安危，在陈书琴、周为民陪同下，绕道迂回到敌人阵地大王宫后面，用手榴弹歼灭包括日寇指挥官三川四郎大佐在内的10多名顽敌。但敌人机枪仍在继续扫射，我部队仍然无法前进，陈孝仁爬上屋顶掀开瓦片跳进房内打死敌机枪手，夺取敌九四式重机枪一挺，胜利地结束东尾歼敌战斗。当时奖励黄金五两，陈孝仁除分给部分士兵外，余下全部交给组织购置交通船和作为地下活动经费。

抗日战争结束后，队伍解散，陈孝仁来往福州、台湾一带以经商为名进行革命活动。1946年7月陈孝仁和紫电队成员陈书琴等在鼓山接受地下党领导人曾焕乾的约见。8月由洪通今介绍加入中国共产党。10月在福州大桥小船内参加中国共产党闽江工委领导人曾焕乾召开的“紫电队”党员会议，宣布成立海上游击队，任命陈书琴为队长，洪通今为政委，指派陈孝仁、杨建福、念克谦、林祖耀四人，以伪职为掩护，打入林荫内部，掌握武装，为武装暴动做好准备工作。

陈孝仁回潭后，通过林荫集团上层人物李超、庄森等关系，不久任林荫独立分队（即卫队）分队长。陈孝仁任职不长，就把独立分队另一分队长高名祥争取过来，成为林荫身边两颗定时炸弹。他发动全家为革命站岗送信，引导姐弟走上革命道路，并变卖家产，捐献银圆 300 多圆和金银首饰及木帆船一艘给组织。

1947 年 3 月，上级党组织（曾焕乾）指派陈孝仁暗中保护县工委书记吴秉瑜，5 月“码头事件”案发后，曾焕乾指示陈孝仁立即撤退。陈孝仁刚接到念克谦的通知，林荫派遣的抓捕队伍已包围中坑村，陈孝仁在群众掩护下，躲过搜查，但连续被抄家三次，其母亲被打成残废。就在林荫调遣特务队水陆两路进驻中坑村欲擒拿他时，他却利用夜晚大摇大摆进入城关，打听被捕人员消息，联系有关人员转移，关心县委领导人安危。

此后不久，陈孝仁在福长平工委带领下，在福清灵石山突破敌人包围，安全转移到福州。这时林荫发现陈孝仁经常来往福州南台一带，暗派林诚仁前往福州跟踪抓捕曾焕乾等同志。几天后，内线提供林诚仁经常在中洲一暗娼家中嫖赌且行动规律。陈孝仁即带上卜克枪，由施修莪陪同，到暗娼家中找到林诚仁，并当面警告。林诚仁见状浑身发抖，不得不点头答应，不干伤天害理之事，第二天一早就溜回平潭。林诚仁一走，台江一带地下党活动又得以蓬勃开展起来。

1947 年 6 月陈孝仁、陈书琴、林祖耀、邱子芳、洪成昌、陈宜福等同志跟随中共闽浙赣边区委员会军事部长、闽东特委书记阮英平到闽东北打游击。1948 年城工部受到错误处理，陈孝仁同志也蒙冤牺牲，年方二十八。

吴国彩

吴国彩，平潭县伯塘村人，出生于1923年。出身贫农家庭，从小养成吃苦耐劳、忠厚朴素、爱憎分明的性格，在原平潭游击支队副支队长吴兆英的教育影响下，于1948年4月参加中国共产党。

入党后即脱产入伍参加革命武装斗争，曾多次跟随吴兆英出入平潭至福州一带。1949年2月任平潭游击支队第一连连长。他如饥似渴地认真学习军事、政治和文化，对组织所布置的学习文件，如《三大纪律八项注意》《中国共产党与中国革命》《刘少奇同志修改党章报告》等，他都认真钻研，熟记于心。

吴国彩烈士墓

他平时在连队里爱兵胜兄弟，事事带头，以身作则；在战时，他作战勇敢，尤其关键时刻，对党无限忠诚，不惜牺牲生命。1949年4月平潭游击支队得到中共福建闽中党委和闽中司令部的命令，在近期内消灭平潭县反动武装一部或全部。当时在平潭的反动武装有500多人，装备精良，有机关枪21挺，我游击队只有250多人，装备更差，以大刀为主，只有40多支步枪和1把冲锋枪。支队为战胜敌人，把敌人分割消灭，决定先歼灭在县城的敌军。1949年5月5日夜晚，游击支队组织一支117人的队伍，其中有40人加入敢死队。吴国彩自觉执行支队部署决策，带头报名参加敢死队，并被指定为

中华人民共和国解放奖章获得者烈士吴国彩

敢死队的领队人。5月5日下半夜，趁敌不备，绕过哨兵冲进国民党政府军的主力据点中正堂。敌军来不及穿衣持枪，大部分被我大刀制服了，虽有部分敌军负隅顽抗，但在我战士们勇敢作战和内应的配合下，激战近两个小时，敌军全部投降。接着联手再逼国民党政府警察局投降缴械，结束了县城的战斗。共缴获了敌军机关枪11挺，步枪、卜克枪200多支和一座弹药库，俘敌200多人。

在战斗的过程中，吴国彩胸部中弹，支队领导叫他退出火线，但他顾不得伤痛流血，继续前冲消灭了一位对我威胁最大的敌人，缴了他两把卜克枪。这时，他身上又中了两弹，抬进医院抢救时，他见到吴翊成同志伤势亦很严重，处在昏迷休克之中，坚持让医生先抢救吴翊成同志，终因时间拖延，流血过多而光荣牺牲。解放后党和人民为了纪念这位忠诚的共产主义战士，把他的家乡伯塘乡改称为“国彩乡”。

陈佑民

陈佑民，平潭城关人，于1919年2月15日出生。原名陈宜馥（又作宜福），于1947年1月加入中共组织时改名为陈佑民。

陈佑民小时候就失去父母，为陈道发所收养。他从小聪明，生性活泼，待人诚恳爽直，有正义感。在私立平潭岚光小学、开宗初中读书时就是班上的优等生，尤其英语更是其特长。1932 年在平潭开宗初中毕业后，就读于福州协和职业学校，后又升入厦门大学。他在厦大期间，与上海籍的曹玉珍相爱结婚。

1942 年春夏，陈佑民与邱汉鼎等在澳前经商，并协助在牛山灯塔管理员吴可夫（白俄籍）记载每日气象和世界各国船只往来的信息。因对国民党的腐败政权很不满，于 1943 年四、五月间和日伪和平救国军翁尚功挂钩，试图在福清目屿建立武装队伍。在目屿期间，与地下党人曾焕乾、何胥陶经常联系。当时曾焕乾计划创建地下武装。11 月间适韩祯琪带队伍到涵江运军粮机会，曾焕乾叫韩祯琪乘机到目屿联合陈佑民队伍一起收缴驻在南澳的日伪和平救国军翁尚功部的枪支。韩祯琪运粮船从涵江启航，船出三江口后，将近目屿时，因气候突变，风雨交加，这时在目屿的陈佑民以为是国民党部队进剿目屿，故立即组织武装向海上开枪射击。船上挥舞信号旗，岸上也置之不理（因韩祯琪事前没有与陈佑民约好联络信号），结果无法联系上。不日，曾焕乾、林正纪等在福清海口被捕，接着韩祯琪中队长也被平潭县县长林荫免职，致使收缴南澳翁尚功枪支的计划落空。

不久，陈佑民离开目屿带家眷到福州居住。1946 年年底，救济总署拨一批药品给平潭县基督教医院，当时该医院的院长陈淑惠（即陈佑民的大姐），要求陈佑民帮助将这批药品领出来，暂寄存在陈佑民处。曾焕乾获悉此事后，认为药品很重要，便叫施修莪去做工作，想办法把药品搞到手。施修莪借此机会，引导陈佑民加入共产党。陈佑民在施修莪安排下见到曾焕乾，并表示愿将这批药物全部交给党。事后，曾焕乾安排陈佑民及其家眷到新的地方居住。

陈佑入党后工作积极肯干，主动要求到福清薛港等村去搞革命工作，建立武装开展斗争，积极发动组织群众抗丁抗粮。1947 年 3 月间，曾焕乾任命他组织一个团，他为团长，林正光为政委。

1947 年 4 月初，闽中游击司令部司令黄国璋，决定福清龙、高城工部武装集中薛港，配合闽中进行武装暴动。不料，由于薛港行动暴露了身份，为不被国民党抓捕，陈佑民随同游击队转移到东张灵石山。

5月底，敌人带省保安队一营“围剿”灵石山，陈佑民和同志们一起，在群众的帮助下，与伪省保安队一营人马周旋两天两夜才脱围，后转到福州西北郊大王山上去打游击。至6月中旬，省委曾镜冰决定，将曾焕乾领导下在大王山的部分武装人员留在福州搞地下活动外，陈佑民、陈书琴、陈孝仁等人，由中共福建省委常委军事部部长阮英平带去闽东司令部开展武装斗争。陈佑民被司令部任为参谋。1948年2月，由于阮英平失踪事件发生后，以曾镜冰同志为首的中共福建省委怀疑是省委城市工作部组织所为，于是错杀了陈佑民、陈书琴等城工部同志。

1956年党中央与福建省委为福建城工部平反，陈佑民同志被追认为烈士。

二、英贤传略

平潭老区人民在中共地下党组织的领导下，与日本侵略者和反动政权展开浴血奋战谱写着可歌可泣的感人史篇。在新中国成立后，依然保持革命本色，奋战在社会主义建设的各条战线上，一样留下了不朽的功绩，做出过可贵的奉献。“英贤传略”记述部分英模的事迹，资料主要来源于党史、县志及已经出版的专著、文稿。本章入传计英贤19名，排名不分先后。

林学德

林学德，平潭县屿头乡田下村人，生于清宣统二年(1910年)十月二十二日。9岁丧父。田产被地主霸占，不得不去福清一地主家放牛谋生。11岁回乡读小学，因无钱续学，仅读一学期即出外打工当学徒。

1932年春，中共莆田中心县委组织的武装队伍，活动于莆田、仙游、福清等地。林学德于翌年8月由福清早期共产党员林清成介绍加入革命队伍。1934年11月任工农红军福清游击大队情报组长。次年8月担任游击队班长。

1937年9月，林学德加入中国共产党。1938年6月，闽中游击队改编为新四军军部特务连，开赴皖南前线抗日，林学德在2连担任班长。1939年5月升为副排长。1941年8月调往新四军2师抗大学习。翌年3月任2师5旅旅部警卫队副队长。1944年3月任新四军7师游击大队2中队中队长。1945年9月任7师60团2营5连连长。

1946年，国民党发动内战，林学德随部队转战南北，历任华东六纵队17师49团2连连长、17师48团副营长、华东六纵队后方医院运输大队长、华东安东孤山县独立团代参谋长、华东后勤部直属二司行政代司长。在战争年代，林学德作战英勇，多次负伤，荣立二等功一次。

1949年9月平潭解放后，林学德调任闽侯军分区平潭县大队大队长。1950年7月以后，任闽侯军分区司令部管理科科长、闽侯专署公安大队大队长、省交电公司副经理等职。1955年6月，被中央军委授予三级"八一勋章""独立勋章""解放勋章"，9月28日，被授予少校军衔。

1959年9月调回平潭，任县委副书记。"文化大革命"开始后被降级使用，任县革命委员会民事组组长、县贫下中农协会主任。

1971年，县委决定给林学德(享受二等一级残废老红军待遇)建房，他不同意，也不让政府拨款修缮旧房。

1975年，林学德恢复县委常委、县革委会副主任职务。1979年春，林学德生病住院。同年8月18日病故，享年79岁。他的骨灰安放在福州枕峰革命陵园。

高　飞

高飞，平潭县苏澳镇看澳村人，1916年11月生。少时在平潭、

平潭县人民游击队队长高飞

福清读小学、初中。1932 年得到高诚学的赏识,被送往日本读高中。1936 年,高诚学被保荐为福安县县长,高飞随往福安,先后任制茶所主任、福安公安局总务股长、穆阳镇镇长等职。1943 年,国民党内部派系斗争,高诚学被杀,高飞回平潭。1944 年任平潭经征处主任。抗日战争结束后,对国民党政府违背民意发动内战深为不满,乃弃职往台湾经商。

1947 年 3 月,经地下党在台湾负责筹款的徐兴祖推荐,高飞任震球商行经理。8 月,组织决定关闭商行,人员撤回福建。当时尚未入党的高飞,表示愿意跟共产党一起闹革命,也随从撤回福州。9 月,经翁绳金介绍加入中国共产党。

1948 年 1 月,经福州市委同意,组织派高飞等回平潭开展革命活动,任潭西区委书记,并在玉屿、看澳、土库、伯塘等 10 多个自然村发展武装建立武工队。同年 10 月,闽(侯)、古(田)、林(森)、罗(源)、连(江)五县中心县委批准成立平潭人民游击队,高飞任队长。

1949 年 2 月,闽中地委未经请示,宣布城工部是"红旗特务"组织,五县中心县委书记是特务,并派人来平潭抓杀福清、平潭城工部系统领导人张纬荣。高飞坚决拒绝闽中党的错误决定,并几次派人向闽中党汇报。闽中党于 4 月发出"限农历四月初十日(即公历 5 月 7 日)之内,消灭林荫反动武装势力部分或全部"的命令以示考验。平潭人民游击队欣然接受,并积极部署行动。5 月 5 日深夜,高飞带领 100 多名游击队员在自卫队内应配合下,攻进中正堂,自卫队投降。6 日迫使警察局投降,县城解放。13 日,中共闽中工委批准成立平潭县人民政府,高飞任县长。7 月,国民党 73 军败退平潭,高飞奉命率游击队退出平潭,开往莆田大洋闽中司令部集中。随后被派往永泰、闽清剿匪。

同年 9 月 16 日,中国人民解放军解放平潭,闽侯专署任命高飞为平潭县副县长。1951年,高飞调离平潭,先后任永安专署建设科副科长,龙岩专署农业局副局长,三明市农业局局长、计委副主任、农办副主任,闽侯专署农办副主任,莆田地区农办副主任、农科所党支部书记、农科所主任、农委副主任等职。1983年离休。1984年当选中共平潭县第五届代表大会代表。1990年1月在平潭病逝,享年74岁。

吴秉瑜

苏澳民主村(玉屿)人,生于1920年11月11日。1940年7月毕业于福清融美初中学校,1941年就读于福州英华中学,1944年考入邵武城关协和大学,在曾焕乾的指引下于1944年11月参加革命活动,成为革命队伍中的一员。1945年12月,吴秉瑜奉闽江学委书记曾焕乾之命回平潭,以"平潭旅外同学奔涛学术研究会"名义,向平潭县县长林荫募捐8万元上缴闽江工委,作为活动经费。1946年2月中旬加入中国共产党,当选协大第一届党支部组织委员。1946年10月,吴秉瑜以平潭县参议会文书身份为掩护任地下党平潭县工委书记,在三个月中办了三件事:一是调查研究平潭伪政权的武装力量;二是发展党员;三是建立革命根据点和组建革命武装力量。先后在玉屿、看澳、土库、鹤厝安、康安、江楼、当盛、伯塘等村发展地下党员、游击队员,成为后来成立的游击支队的骨干力量。1947年,由于党内叛徒出卖,吴秉瑜被县长林荫秘密逮捕,后被绑押在平潭码头船舱内,准备运到竹屿外沉海,幸为内线民主人士相救,关在舱内三天三夜才获释。获释后就离开平潭回协大领导和主持协大学委会工作。1950年1月,吴秉瑜协大毕业后,应邀回平潭出任岚华中学校长。

1956年,城工部平反后,恢复了吴秉瑜的党籍。1957年,省委组织部根据吴秉瑜同志解放前的党内职务,用两个方案安排工作:一是到省教育厅任中教处处长,二是去福安任县委书记,最后他选择了回到福建师范学院当历史系教员。"文革"结束后,被评为历史系副教授,直至1980年9月离休,享受地厅级待遇。

为培育英才，吴秉瑜于1988年7月接任福州英华学校代校长一职，经过多年努力，使该校成为一所颇有名气的民办学校。1990年，他还创立福州平潭一中校友会，出任会长。他关心家乡平潭建设，并积极为平潭的发展出谋献策。

2020年1月，吴秉瑜病逝于福州，享年100岁。

翁绳金

翁绳金，别名杨华，平潭中楼乡后旺村人，生于1919年1月。翁绳金14岁时父母先后去世，他由堂叔收养，靠工读念完初中，进省立福州高级中学深造，在校积极参加抗日救亡活动。

1942年高中毕业，回平潭任教。1944年9月，怀着读书救国的信念，以优异成绩考进协和大学。此时他结识了曾焕乾，参加了曾焕乾组织的读书会与秘密的“马列主义学习小组”。抗日胜利后，他积极参加协和大学学生要求民主、自由、和平，反对法西斯独裁的政治斗争，并成为党的外围组织“平潭旅外同学奔涛学术研究会”的主干。

1946年2月，翁绳金加入中国共产党。5月中共协和大学支部成立，翁绳金任支部组织委员。他积极参与组织协大学生声讨美军强奸北京大学女生的罪行，并多次率领同学举行“反饥饿、反迫害、反内战”的示威游行。

1947年5月，翁绳金在同学掩护下躲过军警的搜捕。6月受组织委派去台湾负责筹款工作。11月，奉命调到闽、古、连、罗、林五县中心县委工作。12月中心县委委任翁绳金为中心县委委员兼连江县委书记，兼管罗源县的地下工作。经他半年的艰苦细致的工作，连江城乡共建起1个区工委、3个党总支、50个党支部、48个独立党小组，党员发展到650多人，武装队伍不断扩大。在30多次的战斗中，共毙敌40多人，伤敌100多人，俘敌400多人，游击队发展到800余人。

1948年8月成立连罗游击总队，翁绳金为总队政委兼队长。1949年7月，游击总队与中国人民解放军三十一军前头部队会师，随后配合部队解放连江、罗源。1949年8月，福州解放，游击总队改编为第四军分区警卫营，翁绳金任营长。

1950年6月，翁绳金调任闽侯专署秘书，后又调任闽侯一中校长。1955年任连江县县长。1958年任三明焦化厂厂长。1962年任闽侯专署计委副主任。1971年1月23日，因病在平潭县医院逝世，终年52岁。

吴兆英

吴兆英，出生于1923年10月11日，逝世于2004年4月23日，平潭县伯塘村(国彩)人，中华人民共和国三级解放勋章获得者。

荣获中华人民共和国三级解放勋章的平潭县人民游击队副队长兼政治辅导员吴兆英

青年时代，吴兆英在福州私立协和农业职业学校求学。他愤慨于国弱民贫之状况，自觉接受革命真理熏陶，并加入了中国共产党。1947年2月担任学校的党支部书记。1948年1月初，福州地下党召开最后一次城工部会议，决定福清、平潭城工部归福州市委领导，孙道华任书记，张纬荣为平潭、福清两县城工部与孙道华书记直接联系人。1948年2月，张纬荣经孙道华同意，派高飞、吴兆英、林奇峰、曹于芳回平潭，分别担任地下党潭西南、潭西北、潭中、潭东区委书记。

吴兆英回到家乡伯塘后,即积极筹组地下革命组织。在伯塘、江楼、当盛三个村,发展 12 名地下党员,建立起一支有 20 人的武工队,把伯塘和周边村的革命活动搞得有声有色。平潭游击队快速发展时期,正值全国处于人民解放军大举反攻之时。平潭地下党审时度势,决定以土库、玉屿、看澳村为中心,成立游击根据地,开展武装活动,以适应革命斗争之需要。1948 年 10 月,五县中心县委书记林白批准成立平潭人民游击支队,高飞为队长,张纬荣为政委,吴兆英、吴秉熙为副队长。游击队迅速发展,给后勤补给工作带来巨大压力,分管后勤工作的吴兆英穷尽心思,谋划应对。一天,游击队员高诚才探知,县长林荫的一艘运米船从连江运回大米停泊在苏澳港。游击队决定由吴兆英、吴秉熙率部分队员,化装商人赴苏澳港智取米船,制服押运人员,将一船 300 多担的大米安全地运到玉屿根据地,除留部分充作军粮外,其余发放给贫苦农渔民度荒。

1949 年 3 月,福建发生"城工部"冤案,五县中心县委书记林白莫名其妙地被福建省委认定为国民党的特务,"城工部"为特务组织。为保护张纬荣和证明平潭游击支队是共产党的组织,吴兆英在此千钧一发之际,不顾个人身家性命,与高名山一起奔赴福清梁厝向闽中党陈亨源司令员陈说冤情。终使闽中党领导层终于暂时放弃对平潭的"必杀令",收回捕杀张纬荣的命令,改为下达陈亨源的手令:"限农历四月初十日(即公历 5 月 7 日)之内,消灭林荫反动武装部分或全部。"吴兆英与高名山迅即赶回平潭,传达了闽中党的指令,与支队领导仔细地研究、筹划攻打"中正堂"解放平潭县城,歼灭林荫反动武装的重大任务。终于在 1949 年 5 月 5 日凌晨,游击支队攻克"中正堂",歼灭林荫反动武装的有生力量,建立了福建省内第一个红色政权——平潭县人民政府。

1949 年 6 月,鉴于全国解放战争重大战略变化,平潭游击队奉命转移内陆进行外线作战。吴兆英、吴秉熙配合解放大军,转战于福清、永泰、长乐等地,进行莱安阻击战,保卫云中洋游击根据地,为剿灭残匪、支前杀敌做过卓有成效的工作。1955 年,国务院鉴于吴兆英同志的卓越功绩,授予他中华人民共和国三级解放勋章。此后，除在县武装部任职外，还担任过县委常委、革委会副主任、关心下一代工作委员会顾问等职。

张纬荣

张纬荣，平潭县潭城镇人，1923 年 9 月 14 日生。少时就读于潭南中心小学，1937 年入岚华初中。两年后休学在家，发起组织“平潭五四青年会”，任学术股长，出版《岚声》刊物，成立演出队，宣传抗日救亡。1943 年就读于宁德三都中学高中部。1946 年 2 月考入福建学院，积极参加中共外围组织“平潭旅外同学奔涛学术研究会”的活动，是年 9 月加入中国共产党。1947 年年初，他回平潭参加平潭进步青年组织“星期会会”的活动，利用“星期会会”创办《海声报》，抨击时政，为平潭知识界所颂扬。

1947 年 3 月 25 日，张纬荣参加领导福州学生抗议警察无理殴打、抓捕省立福州中学学生的抗暴斗争，迫使省政府答应学生的全部要求，得到城工部领导的赞许。月底，福长平工委在福清东张灵石山上成立，张纬荣被任命为工委委员兼学生工作委员会书记。同年 6 月，国民党在福州大搜捕，他撤到台湾，10 月省委城市工作部解散，划归各地市委领导。福清、平潭的城工部系统划归福州市委领导。张纬荣在市委机关工作，并负责福清、平潭两县的联络工作。

1948 年 5 月因“城工部事件”，纬荣失去与上级的联系。9 月，闽、古、林、罗、连五县中心县委魁岐会议，决定成立平潭人民游击队，任命张纬荣为政委。11 月，张纬荣到福清龙田召开骨干会议，为扩大革命武装，于 1949 年年初成立福平沿海人民游击大队。

1949 年 2 月，闽中地委未经请示，宣布城工部为“红旗特务”组织，命令各县城工部停止活动并抓捕杀害城工部骨干。张纬荣撤回平潭。4 月，接受闽中党发出的“限农历四月初十日（即公历 5 月 7 日）之内，消灭林荫反动武装势力部分或全部”的命令，平潭游击队准备解放县城。张纬荣负责内线策应，不幸被捕。5 月 6 日平潭游击队解放县城，营救出张纬荣。

是年 6 月，平潭游击队撤出平潭，开赴永泰剿匪，张纬荣留在长乐发动民工支前以迎接解放大军南下。9 月 16 日，平潭解放。不久，张纬荣任县委政策研究员。1951 年，他经过深入的调查研究，为县委起草《为废除海上封建剥削制度，发展渔业生产而奋斗》的报告。

1952 年，张纬荣调任闽侯专署行政干校教员，不久调任专署办公室调研秘书。1956 年城工部平反后，调福安专署负责办公室工作。1957 年任福建省委文教部办公室秘书，后调任福建师范学院历史系党支部书记、总支副书记。1959 年 9 月调任闽侯专署办公室副主任。

"文化大革命"中，他受到冲击，并被下放。1972 年落实老干部政策后，调任闽清电瓷厂党委副书记。1978 年 11 月病逝，终年 55 岁。

卢祖恭

卢祖恭，别名敬亭，平潭县潭城镇北街人。1915 年 4 月 18 日生。卢祖恭 7 岁时，就读私塾，1925 年始进平潭县立兴文小学读书。

1931 年，卢祖恭小学毕业，进入初中。时值"九一八事变"发生，日军侵占东北三省，激起全国青年的爱国义愤。他与全校同学一起走出校门，参加示威游行和进行抗日爱国宣传，同时积极参与抵制日货活动，并在潭城镇通往观音澳的大道上，用石灰堆成"提倡国货，挽回利权"8 个大字。

1933 年，十九路军进驻福建，在福州创办"福建省保卫团干部训练所"，以加强地方抗日武装力量。此时，卢祖恭初中毕业，决心投笔从戎，考入该训练所。学习 6 个月后，分配回平潭县保卫团任分队长。同年，十九路军在闽起义，成立"中华共和国人民革命政府"。卢祖恭为迎接十九路军进驻平潭和协助新任县长张克祥莅县接任做了许多工作。1934 年"闽变"失败后，国民党收编县保安团，卢祖恭即被调到"福建省保安干部训练所"受训。毕业后被重新分配到驻防长河县的省保安第九团任中尉排长。

1935 年，省政府在福州市东湖成立大学生军训班，卢祖恭调任为上尉教官。在教练中，他继续宣传抗日救国，引导学生献身报国，受到青年学生的爱戴。1936年卢祖恭调到新编二十师任上尉连长，驻防江西进贤等地。

1937年7月，日军大举侵华，华北各省先后沦陷。卢祖恭以“国家兴亡匹夫有责”自勉，要求北上前线杀敌。不久调往陆军九师任骑兵连连长，开赴安徽省蚌埠一带前线与日军作战。在战斗中他带领士兵英勇杀敌，多次立功，晋升为少校副团长。

1941年，卢祖恭奉命调往浙江参加浙东会战。出发前他给胞弟去信，信中写道：“国家兴亡，匹夫有责，大敌当前，应共赴国难，杀敌卫国……。大丈夫许身报国，视死如归。忠于国，孝于亲，忠孝不能两全，尔后奉侍双亲，唯赖吾弟。”会战中，他奋勇杀敌，在与日军争夺重要阵地的激烈战斗中，不幸中弹，壮烈牺牲，年仅26岁。牺牲后遗体葬于浙江省诸暨县四郎山。国民政府军政部表旌卢祖恭功绩，并追赠为中校团长。

罗仲若

罗仲若，又名辉世，福建省连城县莒溪乡人。生于光绪三十年(1904年)农历十月一日。

1925年，罗仲若在连城县立中学毕业后，回乡任小学教员。第二年北伐军兴，他与同乡青年组织“龙灯会”，组训民众。不久国民党省政府招考区长，罗仲若应招受训，毕业后被派往龙溪县任职。1931年5月，调往漳浦县党部，担任农民组训工作。1933年1月，被委任为漳浦县第三区区长。1934年7月，经福建省县政人员训练所区政班培训，委派至晋江县第三区署(石狮镇)任区长。1937年4月，调任上洋特种区区长。

1938年9月，罗仲若奉命接任平潭县县长。接任后，罗仲若组织城乡学生宣传抗日，动员商店复业，学校复课，同时整顿武装，清剿海匪。时因县库空虚，公务人员薪资无着，罗仲若就把省政府发给他的赴任旅费300银元，暂充职员薪饷。

1939年2月，平潭县国民抗敌自卫团司令部成立，罗仲若兼任司令。从当年7月至1941年9月，两年多时间里，日伪勾结，相继6次侵占平潭岛。因寡不敌众，罗仲若多次率部退守福清县或平潭的农村、小岛，招兵买枪，组织抗日武装。平潭第六次沦陷后，他退守福清县，手下只有七八条枪，于是极力主张福清、平潭、长乐三县联合抗日，互相支援。他申请成立“福、平、长沿海抗日游击队”，获得省政府批准，并由他担任指挥官，后又兼任福清县长。1941年9月18日，罗仲若率部配合省保安团，渡海回击伪军，第六次光复平潭。

是年冬，罗仲若调离平潭。离岚时，码头摆设香案，千人隆重欢送。由于他艰苦朴素，平易近人，且为官清正，深受平潭民众赞扬。爱国侨领陈嘉庚嘉其情操，赠以巨资。罗仲若将所赠巨款全数用于赈济平潭难民。陈嘉庚得悉后感动不已，即赠奖旗一面、银鼎一只，以示褒扬。

1941年1月，罗仲若调任同安县长。抗日战争胜利后，应台湾行政长官公署之邀，任公署民政处视察。1947年，公署改为省政府，调任民政厅科长。1951年5月后，先后在台湾省政府建设委员会、台湾省社会处等部门任职。1958年8月，调任嘉义市长。1976年秋病故，享年72岁。

吴秉熙

吴秉熙，平潭县苏澳镇民主村人，生于1916年农历十二月。1995年6月28日病逝。

吴秉熙幼年丧父，家境贫寒，少年时代即萌发扶危济困、报效国家志向。抗日战争爆发后，他毅然投军，在国民政府“青年军”服役，后在福建省保安团任排长一职，其间因反对国民党军官不法行为而两次坐牢。

抗战胜利后，吴秉熙因不满国民党发动内战退伍回家。1947年，在中共地下党组织教育下，吴秉熙走上革命道路，投身于地下游击活动，并于次年2月加入中国共产党，12月担任平潭游击支队副支队长。为了解决游击队经费困难问题，吴秉熙将祖屋和4亩耕地以及私人物品变卖，作为游击队活动经费，受到党组织表扬。

1949年5月上旬，平潭游击队奉命攻打平潭县城，吴秉熙亲率敢死队浴血奋战，攻下敌人重要据点“中正堂”。国民党73军退据平潭后，吴秉熙随游击队奉命转移到福清、永泰、闽清、长乐等地打击国民党政府地方反动武装，并配合中国人民解放军解放福州、福清和平潭。福建全省解放后，吴秉熙又参加3年的剿匪斗争，先后担任闽侯军分区特务连连长、情报科参谋、人武部干训队队长等职。

平潭县人民游击队副队长吴秉熙

1954年6月转业回乡后，吴秉熙积极带领村民兴修水利，组织农村生产合作社，荣获模范复员军人称号，1956年11月，吴秉熙任职县交通局，负责海防公路的抢修工作，1957年3月转调县老区办工作。

新中国成立后，吴秉熙经受多次政治运动冲击，特别在“三反”时期，因历史问题，吴秉熙受到不公正审查达两年之久，最终被开除党籍、降级复员。“反右”时期，吴秉熙又无端被打成“极右分子”，甚至因遭受诬陷而被判死刑，经过不断申诉，才在关押7年之后得以平反。“文化大革命”时期，吴秉熙再次由于派性斗争，被审查、批斗、判刑、劳改；“文革”后期担任宣传队队长在正旺大队工作3年，为该大队修水库、发展副业，付出良多。1981年才获正式平反。吴秉熙身处逆境而从未动摇对党的忠诚和献身事业的信念，冤案昭雪后，他没有向组织提出任何要求，而是愉快地服从组织安排，担任平潭县老区办主任。

1985年离休之后，吴秉熙继续发挥余热，积极参与社会主义新农村建设，主动向党组织提出要求开发大嵩岛，首创平潭岛屿贻贝养殖基地。同时四处奔走，筹募资金，修村道、建水库、办学校、盖影剧院，为新农村建设付出大量心血，下完人生的“最后一盘棋”。

林中长

林中长，平潭县敖东镇大福村人，生于1923年农历四月，2002年4月病逝。

林中长于1945年8月参加工作，1946年2月参加地下党组织，先后担任福州黄花岗中学党支部负责人、平潭工委委员、中共福长平工委委员、中共闽北城市临时工委书记。1949年5月，林中长受党组织委派在平潭组建“大福武工队”，并直接参与解放平潭的组织领导工作，但由于受“城工部事件”影响，林中长被扣押审查。

1952年，林中长重新入党，但在“三反”运动中又再受审查，“文化大革命”期间又被立案调查。1977年清查“四人帮”反党集团时，林中长又被定为“参与原闽中地下党负责人篡党夺权的骨干人物”，再次受到长达3年的审查。但他始终以宽广的胸怀和包容心，正确对待党组织的考验，表现出一个老共产党员的高风亮节，1985年9月13日，莆田地委做出《关于林中长同志平反的决定》，恢复名誉，消除影响。

新中国成立后，林中长历任区长、县委常委兼宣传部长、县长，1962年2月调离平潭后，先后任职于闽侯专区农林水部门负责人、莆田地区和福州市水产局长兼福州市建设商品鱼虾基地办公室主任，1985年7月任福州市第八届人大常委会委员。

林中长出生在海边，新中国成立后又长期在水产部门工作，被同事和亲友们戏称为“老水产”。20世纪50年代初，林中长积极建言献策，组织实施小围缯渔船北上舟山、吕泗等渔场开展冬汛生产，以解决平潭近海渔业资源衰退带来的渔业生产困境。连续多年组织全县渔船抱团转浙，在全省开启渔民跨省区作业常态化的先河。60年代，林中长在组织平潭渔船北上吕泗、舟山，南下东山、汕头的同时，精心培养一批机械化作业成效突出的渔业单位和带头致富的“水上人家”。

70年代末至80年代初，林中长在担任莆田地区水产部门领导人期间，敢于摆脱“左”的桎梏，从平潭渔业资源和渔业经济地位的实际出发，努力争取将平潭纳入国家农业部重点扶持的渔业重点县行列，积极促成中日合资的全省第一家养鳗场在涵江建立，使涵江养鳗场成为福建省改革开放的一个窗口，养鳗业成为省内水产养殖和对外出口的一张靓丽“名片”。为突破水产养殖业发展的“瓶颈”，他率先在莆田县建立水产研究所，开展人工育苗、批量生产攻关课题，破解花蛤养殖历史性难题，在全国最早实现花蛤人工育苗，科研成果获国家科技进步二等奖。与此同时，他又积极借助外地挂养海蛎的养殖经验，试验并大面积推广条石垂直吊养海蛎的创新模式，在全省率先将海蛎养殖从传统的碎石、滩涂推向浅海，实现新的突破，大幅度提高海蛎产量。水产育苗技术开发与推广后，莆田地区建立起鱼虾贝藻传统品种与新品种科学搭配的水产养殖新格局，促进水产业持续较快发展。

1983年6月，林中长调任福州市水产局局长。为建设城市商品鱼基地和商品鱼出口创汇基地，他先后在闽侯、福清、连江和福州市郊建起1万多亩商品鱼养殖基地，从台湾等地引进罗非鱼、彩云鲷等新品种，扩大文蛤、青蟹、鲍鱼、石斑鱼、网箱大黄鱼等名优品种养殖。至1986年，福州市水产品总量增至29.75万吨，超过全省总量的三分之一，人均水产品占有量由1982年的18.83千克增至60千克。

1988年1月，林中长正式离休，享受副厅级待遇。随后，林中长作为中方代表，出任福州市中外合资锦福海产有限公司董事长及福州市农业丰收指挥部顾问，直至2002年4月逝世。

徐兴祖

徐兴祖，平潭县流水镇山边村人，生于1917年农历十二月，1992年4月病逝。

徐兴祖5岁丧母，7岁寄养于婶娘家，后入私塾念书，小学毕业后考入平潭岚华初中。在平潭中共党员周裕藩、曾焕乾影响下，徐兴祖积极参与抗日爱国宣传活动，于1939年6月加入中国共产党，1940年8月起先后参加中共闽南特委成立的抗日游击队、平潭大富自卫团、闽南沿海突击队等革命队伍,开展抗日武装斗争。

1945年1月,闽南沿海突击队在长乐东洛岛战斗失利后,徐兴祖由曾焕乾介绍加入福建城工部组织,赴邵武协和大学寄读,学习革命理论。当年12月,徐兴祖奉命赴台筹资,创办震球商行,任副经理、党小组组长、党支部副书记。1947年8月,因在台地下活动暴露,徐兴祖奉命退回福州,继续开展地下游击活动。当年12月中共五县中心县委成立后,徐兴祖担任闽、连、罗边区工委书记、游击队队长兼政委。

1949年4月,徐兴祖因城工部错案接受审查,停止党内生活,后奉命协助平潭游击队"限期"解放平潭。当年5月,平潭游击队解放平潭后,徐兴祖受命负责平南地区工作。8月,游击队奉命退守长乐,徐兴祖任闽中游击队中队长,参与解放长乐县城战斗。后闽中游击队编入平潭游击队,徐兴祖任中队长,负责解放平潭支前工作。

新中国成立后,徐兴组担任县政府一区区长,1950年2月调任闽侯地委生产科副科长,1952年1月调任省联运公司福州分公司副经理,1953年重新加入中国共产党,任省运输局办公室副主任、运输处副处长等职。此后,由于受肃反审干、反右运动影响,徐兴祖被错定为隐瞒国民党员身份,受到开除党籍、撤职、降薪等处分,于1958年9月被下放到顺昌富文钢铁厂劳动改造。

为昭不白之冤,徐兴祖坚持不懈为自己辩诬申诉,直至1975年2月冤案得以平反,恢复党籍和原工资待遇(行政16级),仍留任县良种场副场长。粉碎"四人帮"后,徐兴祖再次被审查批判,甚至被打成"现行反革命分子"遭逮捕入狱,被判处有期徒刑8年。后经党组织多次复查,徐兴祖于1981年7月获无罪释放,恢复党籍、工籍和行政级别,调任县老区办主任(正科级),1983年7月离休,享受副处级待遇。

离休之后,徐兴祖继续发挥余热,深入全县老区基点村实地考察,为老区发展出谋献策,为老区群众脱贫致富呼吁。同时,徐兴祖对东岭游击队历史遗留问题耿耿于怀,通过多次写信、上访,省委最终确认闽(侯)、罗(源)、连(江)边区工委(即东岭工委)是中共组织,东岭游击队是闽罗连边区工委领导下的一支武装队伍。

1992年4月8日，省委组织部下发文件，确认徐兴祖离休后享受地专级的政治、生活待遇，但徐兴祖已卧床不起，于次日病逝。平潭县委召开追悼大会，对徐兴祖一生给予正确评价。

林正光

澳前镇北高坪人，出生于1922年农历十二月十五日，因家境贫穷，无力读完小学。1939年夏，日本汉奸占领平潭时，他毅然参加抗日队伍，三次参与光复平潭的战斗。1943年秋，在曾焕乾指导下在福州黄花岗中学搞革命活动。1945年加入中共组织，1946年年初任黄花岗中学党支书；1946年12月任福清龙高地下武装支队长兼政委，领导200多名队员在薛港堂进行武装暴动未遂。1947年4月，在闽海纵队司令员曾焕乾直接领导下，以福清东张西山尾为据点，成立4个支队，任支队长兼政委，福、长、平三县工委委员。同年6月，被曾焕乾任命为长乐县委书记。1947年10月7日被国民党特工调查组逮捕入狱，受尽酷刑，1948年8月由黄花岗中学校长保释出狱。1949年1月，由林中长指派到江西上饶开展革命活动。1949年4月迎接解放上饶，协助歼敌并解放铅山县，后随军解放福建。

新中国成立后，任河口市委宣传部副部长，铅山县文教科长、税务局局长、工商科长、银行行长、建设科长、工交科长、弋阳县政府秘书兼法院院长。调回平潭后，任平潭县党校副校长、平潭一中校长、平潭县政协常务副主席，离休后为平潭县老人大学第一任校长。享受离休待遇（副处级）。2017年5月病逝，享年95岁。

陈魁梧

陈魁梧，字奇伟，又名世彪，平潭县流水镇湖头村人，生于清光绪三十三年（1907年）农历一月，1969年1月病逝。

陈魁梧7岁丧父，由其母及兄长抚养成人，在艰难贫苦中度过少年时期。1927年春，厦门驻军在平潭招收百名学生，陈魁梧应招入“学生团”，结业后即被派驻厦门炮台服役。其间，陈魁梧勤学苦练，深为教官赏识，被擢升为炮兵排长，不久调往马尾海陆战队第二独立旅工作，历任排长、连长、讲武堂学生队队长及军训教官等职。

抗战爆发后，陈魁梧积极投身抗日救国热潮中。1939 年 7 月，平潭第一次沦陷后，县长罗仲若退踞大扁岛，日伪军封锁海面，致使平潭百姓所需生活用品倍感匮乏。为解决平潭百姓生计问题，陈魁梧主动与平潭名士曾焕魁等人协商，在福州筹建平潭旅榕同乡会，千方百计为平潭百姓解决粮油、燃料等物资的运输难题。

1941 年 2 月，平潭第五次光复后，陈魁梧任平潭县国民兵团副团长，积极筹组地方武装，以抗御日伪军再度入侵。6 月，福建省政府批准组建“福长平游击指挥部”，罗仲若任指挥官，陈魁梧任参谋长，下辖 3 个中队，共 300 多人。此后，历经大小数十次战斗，福长平游击指挥部先后拔掉伪军多个据点，使敌后游击根据地连成一片，敌伪军只得龟缩于福清县城和海口两个据点。9 月初，罗仲若奉命配合省保安团，攻克福清县城和海口镇。接着，罗仲若率部渡海第六次收复平潭。平潭收复后，陈魁梧回归马尾海军第二独立旅工作，被擢升为上尉参谋。

1944 年 10 月，日军再度进犯福州、长乐、连江等地，陈魁梧奉海军司令李世甲之命，负责收编沦陷区失散官兵，与中共闽中沿海突击队负责人周裕藩联合，组建“闽江下游抗日游击队”（又称“鼓山抗日游击队”），周裕藩任政委兼队长，陈魁梧任指挥官。11 月，游击队成功袭击敌伪运粮船，为闽中地下党筹措食盐 500 担。不久，因日军报复偷袭，游击队在受挫后撤出鼓山，陈魁梧带领部分人员回转海军司令部。

1947 年春，陈魁梧对国民党挑起内战，背信弃义，疯狂杀害革命志士的行为十分愤慨，而此时平潭县长林荫又四处抓捕中共地下党员，白色恐怖笼罩平潭，为避嫌，陈魁梧决定弃武从文，赴台避祸。行前，他在福州鼓山山道旁的崖石上题刻“维行”二字，在家乡用自己的积蓄建一所初级小学。在台湾落脚后，他以卖画为生，并潜心于国画创作，曾任台湾某国画社社长、《中国文苑》杂志编辑。

1959年，陈魁梧应邀到新加坡协助筹办佛学院，途经香港时为文化界友人所挽留，举办国画展览。随后，经有关部门批准，陈魁梧转道返回平潭。1960年6月，陈魁梧被福州市政府安排在福州脱胎漆器厂工作，后以身体多病为由请辞回岚。但为维持生计，陈魁梧潜心于岐黄之术，行医济世。“文化大革命”开始后，陈魁梧受到冲击。造反派以“潜伏特务”罪名对他逼供拷打。由于经不起折磨，陈魁梧主动要求送进县公安局关押，1969年1月正式被捕入狱。但关进县看守所不久，陈魁梧便病故。1981年，平潭县公安局经复审后为陈魁梧平反，恢复名誉。

严孟意

严孟意，平潭县敖东镇建新村人，生于1917年农历八月，1960年7月逝世。

严孟意少年时聪明好学，19岁时成为乡村私塾教师。抗日战争爆发后，严孟意目睹日伪暴行，萌生抗御外侮、保卫家园的志向，遂于1941年参加林慕曾所领导的地下党组织闽中沿海突击队，次年入党，并在闽江口至乌丘海域一带打击横行于海面的日伪军。1945年2月林慕曾牺牲后，严孟意与上级党组织失去联系，后加入国民党部队，开赴江西前线抗敌。在此期间，严孟意结识了老乡吴秉熙，因志向相同成为莫逆之交。1946年，严孟意复退返乡，在平潭潭南区分所任职，暗中联络原闽中游击队员，继续秘密从事地下革命活动。

1949年春，正当平潭人民游击支队蓬勃发展、迅速壮大之际，突发“城工部事件”。闽中地委未经请示，宣布城工部是“红旗特务”组织，不少革命同志蒙冤而被错杀。闽中地委为考验平潭游击队，要求在当年5月7日前消灭林荫反动武装势力、解放平潭县城。为接受考验、壮大队伍，支队长高飞建议寻找失联多年的平潭闽中游击队，副支队长吴秉熙立即响应，并提议到平潭潭南区寻求严孟意支持。随后，支队领导派出王祥和、高纯立联系严孟意，得到大力支持。严孟意不仅同意加入游击队，而且主动跑遍潭南各村，宣传革命道理，数日内便在潭南地区迅速组织起百余人武装队伍，拥有20多支步枪和许多长矛、大刀，这批新兵到苏澳镇玉屿村游击支队总部报到后，便立即被编入部队参加战斗。严孟意还建议游击支队与潭东地区斗垣村原属闽中党领导的地下革命同志林文桃等取得联系，动员部分乡亲加入革命队伍。

游击支队按计划完成消灭林荫反动武装部分势力并解放县城，成立平潭县人民政府。国民党73军退据平潭后，为适应形势变化，游击支队抽选包括严孟意在内的150名队员转移到岛外，开展外线作战。严孟意先后在福清、永泰等地参加战斗6次，多次受到上级党组织表扬。

福州解放后，严孟意所在队伍被编入闽侯军分区特务连，他担任分队长，继续参加剿匪战斗，直至1950年下半年因旧病复发请假回乡治疗。不料，在解放初期镇反运动期间，严孟意被错误关押受审，与党组织和所在部队失去联系，无法及时归队，只能含冤度日。1960年7月25日，严孟意病逝于平潭县医院。1982年，平潭县委为严孟意平反昭雪，恢复名誉，并颁发“五老”荣誉证书。

蒋美珠

蒋美珠，女，生于1929年5月6日，2018年11月19日逝世。读过小学、初中，1947年7月，参加中共平潭地下党活动；1949年3月在平潭县游击队任文教卫生组组长；1949年8月，转入福建省军区第四军区分区政治部文工团任小队长；1950年1月，调回平潭县委工作；1952年8月任妇女联合会副主任；1956年4月先后调任闽侯、晋江地委妇联会组织部副部长；1957年9月，调回平潭任妇联会主任；1964年转任县委宣传部副部长（主持工作）。“文革”期间被列为走资派，被批斗游街。1970年2月任平潭县革委会宣教组组长；1971年9月任平潭县革委会组织组组长；1978年下放到知青场劳动；1982年8月，落实地下党政策后，平反恢复工作，任平潭县统战部部长；1984年7月，任平潭县人民政府副调研员；1987年兼任第一届平潭县残疾人联合会名誉主席；1991年离休，享受正处待遇。

蒋美珠出生在一个贫苦的小贩家庭。于 1947 年参加地下党组织。她在福州女子中等学校就读期间，发动贫苦学生参加革命，动员多名女同学参加平潭游击队。1948 年 7 月地下党指派蒋美珠回平潭龙泉小学任教，开展秘密地下活动，随后参加平潭游击支队第一次解放平潭的战斗。7 月，跟随平潭游击支队撤出平潭，先后参加了福清县远中洋菜安村，永泰县蔡仕如土堡、羊尾寨、安民寨、霞拔乡等地与国民党部队、地方武装土匪的多场战斗，组织伤病员紧急转移。因她与其他两位女同志在战斗中机智英勇、不畏艰险的突出表现，得到原闽中游击支队、闽侯军分区司令员陈亨源的接见及表扬。

解放后，县委从闽侯军分区调蒋美珠回平潭县委工作，筹备成立了妇联会。1950 年 6 月，她组织召开平潭县首次妇女代表大会，是平潭妇联会的第一任领导人，为平潭妇女运动的蓬勃发展奠定了基础。

她经常在农村蹲点工作，多次担任重点乡、试点乡工作队队长，她克服了女同志心理、身体、家庭上诸多特殊困难，不叫苦、不叫累，深入基层和群众同吃、同住、同劳动。她的足迹踏遍了全县大小岛屿上百个村居。其间，不论在宣教、统战、组织及政府调研员工作中，均做出积极的贡献。

离休后，她积极参加各项社会公益事业活动，先后担任平潭县老龄工作委员会副主任、县关心下一代工作委员会常务副主任、县计划生育协会顾问、行风评议监督员，被多个学校聘任为校外辅导员，在平潭的干群中享有很高的声誉。

吴翊成

吴翊成，于 1924 年 8 月 21 日出生在伯塘村（国彩村）一个极端贫苦的农家。父亲吴国忠，育有六男三女，吴翊成居长。在国民党反动政权统治下，一家人过着猪狗不如的日子，先后卖掉一男二女，但仍无法改变困顿的命运。

困苦的生活，令少年的吴翊成在心中种下对国民党旧政权的刻骨仇恨。抗战年代,在村中进步青年吴克修的启蒙感召下,吴翊成积极投身于抗日救国宣传活动,参加民兵、维护村治安,号召村民抵制日货,组织店铺焚烧日货。伯塘村的抗日义举,震动全县,获得民众的支持。

1943 年 10 月,平潭成立抗日自卫队,19 岁的吴翊成报名参加,与同村数位进步青年投入武装训练。在自卫队时,认识了念克谦、陈孝仁等进步青年。1945 年 3 月 9 日深夜,县抗日自卫队秘密扑向流水盘团(裕藩)村,在队长韩祯祺、陈孝仁率领下,逐步接近日兵驻守的据点妈祖庙。初时,有 6 艘日兵舰艇窜进流水东尾澳,占领了王爷山南麓的妈祖庙、白犬山的大王庙。据守妈祖庙的日哨兵发现动静,枪声示警。顿时,守卫在日艇与白犬山大王庙的日兵枪声大作,火光冲天。妈祖庙前战斗呈白热化。吴翊成抡起大刀,奋不顾身地冲进弹雨中,砍杀了 2 名日兵,自己也受轻伤。这场军民协力作战,共击毙日兵 46 名,活捉 16 名,缴获日艇 3 艘及众多武器弹药物资。

抗战胜利后,县自卫队解散,吴翊成回到家乡。不久,即认识了在村小学任校长的吴秉熙。由于思想志向相同,他与吴秉熙成了莫逆之交。在地下党员吴秉熙的教育下,吴翊成亦参加了地下党组织。

1948 年 7 月,平潭成立游击队,队长高飞,副队长吴兆英、吴秉熙,政委张纬荣,吴国彩、吴翊成担任中队长。在玉屿游击支队根据地期间,吴翊成一家都成了游击队中坚人员。他的弟弟妹妹吴翊章、吴翊达、吴翊华、吴水仙及父母等均投身于游击队活动中。正因此,吴翊成家的破房门上被反动政权钉上 6 面黑牌,列为“匪属”。

1949 年 3 月,因闽中党城工部冤案,平潭游击队受株连。为洗掉嫌疑和解救政委张纬荣,平潭游击队决定于 5 月 5 日凌晨攻打“中正堂”及伪警察局。当时根据地游击队有 200 余人,仅有长短枪 50 余支及人手一把大刀和土炸弹等,实力与守卫县城敌人相差甚大。游击队领导几经研究,定下智攻方案,组成 40 人敢死队攻打“中正堂”,吴翊成为摸哨组组长,吴国彩为队长。吴翊成率尖刀班逼近“中正堂”大门边，将一位哨兵撂倒在地后，立即扑向大门。另一敌哨兵见状鸣枪示警，门内敌人急欲关上大门，吴翊成用身体阻挡着大门关闭，尖兵班战友迅即亦冲上合力撞开大门。混战中，吴翊成左侧脸部中弹，血流如注，摔倒在地上。二弟吴翊章见状要去救援，吴翊成大声吼叫，要二弟往前冲，不要管他，杀敌要紧。战斗约两个多小时胜利结束。战友们将受伤的吴国彩、吴翊成送到医院抢救。因手术医生仅一位，吴国彩叫医生先抢救已经昏迷的吴翊成，他却因手术延迟而壮烈牺牲。吴翊成得知此事后号啕大哭，捶胸顿足，痛惜不已。

“中正堂”攻下后，游击队又乘势攻克警察局。平潭县城终被游击队全面解放，建立了福建省第一个红色政权平潭县人民政府。

全国解放后，吴翊成转业到平潭武装部工作，开始了新的革命征程。1957 年荣获国务院颁发的“解放奖章”，这也是共和国对他革命生涯的肯定与褒赏。吴翊成因病医治无效，于 2006 年 4 月逝世，享年 82 岁。

吴聿静

吴聿静，于 1914 年 8 月 17 日出生在玉屿村一户贫苦的农家。解放前的玉屿村，虽有山海之地利，但绝大部分的村民却苦苦挣扎在饥寒交迫之中，吴聿静的家庭就是其中之一。贫寒的家境，食不果腹，衣不御寒的生活，造就他坚强的意志。为改变现状，他勤奋好学，努力进取，逐渐地成长为一位教师并在国民学校任教，同时也接受抗日救国的进步思想教育。1938 年，该村地下党员吴秉图，奉中共闽中特委组织命令回玉屿村开展秘密的地下活动并组建海上游击队。吴聿静闻讯，即弃教从戎，参加海上游击队的武装斗争。1939 年 11 月，海上游击队在长乐海面遭平潭保安队袭击，牺牲多位队员。游击队虽遭重创，但仍在吴秉图的带领下继续开展以西山为据点的武装活动。1940 年 12 月，由于叛徒的告密，吴秉图等 23 位队员被捕并先后蒙难，而吴聿静幸得敌司令部卫士康章仲的暗中营救而脱险。

征途坎坷，但未改志士气节。1943年，吴聿静在小练、屿头继续开展抗日武装斗争，参加闽南特委领导的沿海突击队，购买枪支弹药，组织群众抗捐抗税。1945年，吴聿静返回玉屿建立农会，发动贫苦村民抗丁、抗捐、抗租。1946年担任平潭工委书记的吴秉瑜多次回玉屿宣传革命真理，筹备武装斗争，建立了玉屿党支部。当年10月，吴秉瑜介绍吴聿静重新入伍，次年1月加入中国共产党，任玉屿村支部书记。由于他充分发挥党支部的战斗堡垒作用，使玉屿村成了可靠的革命根据地和游击活动中心，并且与地下党高飞、吴兆英联系，开展地下活动。1948年7月，吴聿静获悉林荫要围捕地下同志，即从水路赶回西山，迅速通知高飞、吴兆英撤到玉屿村隐蔽，使林荫的图谋落空。1948年10月，平潭游击支队成立。在玉屿根据地，吴聿静同志负责后勤保障工作。他努力筹集物资，千方百计购置武器弹药，发动群众建碉堡、制大刀，做了大量工作，对巩固游击根据地做出贡献。1949年5月5日，游击支队赴县城攻打“中正堂”，解放县城，吴聿静奉令留守玉屿，负责保卫根据地。5月6日，闻讯县城被游击队攻陷后，林荫纠集所部数百人向县城反朴。吴聿静按支队事先战斗方案，率200多支援人员，分乘17条船赶到县城助战，在危急关头，为游击队取得阻击战的胜利发挥了重大作用。

1949年9月，我人民解放军开始了解放平潭的战役准备。吴聿静奉令在长乐松下一带负责筹集民船、动员船工，协助解放军进行渡海作战训练等支前工作，获得部队首长的表彰。

新中国成立后，吴聿静同志历任副区长、水产局副局长等职，他清正廉洁，艰苦奋斗，表现了一个革命者的崇高的品格。离休后，享受副县级待遇。1996年12月15日病逝，享年83岁。

杨建福

杨建福，平潭县潭城镇人，生于1921年农历十一月，病逝于1981年12月。

杨建福9岁丧母，父亲弃商务农，后因家境贫寒中途辍学到店铺打工。1937年，四川彭山县爱国志士刘伯华来岚执教，推行国民义务教育，动员失学儿童入学，杨建福遂插班小学四年级，因勤奋求知，深受老师们喜爱。

在刘伯华进步思想影响下，杨建福加入学校少年团军乐队、宣传队，并参加军训和抗日爱国宣传活动。1939年6月底，刘伯华遭暗杀，激发了学生爱国热情，杨建福与一批同学投身县长罗仲若率领的抗日游击队。

1940年平潭第三次光复后，县内进步青年发起成立“平潭五四青年会”，杨建福被选为委员，兼任组织股副股长。后罗仲若在福清龙田成立“福长平沿海游击队”，杨建福与部分骨干参加游击队指挥部工作。1943年下半年，中共地下党外围组织“紫电篮球队”成立后，杨建福为该队成员，在开展抗日救亡宣传，揭露时弊，打击社会歪风邪气等方面发挥积极作用。后紫电篮球队骨干先后加入地下党组织，杨建福于1946年8月加入中国共产党。出于工作需要，杨建福授命潜伏平潭县自卫队，并取得时任平潭县长林荫的信任，为地下党开展武装斗争，分化瓦解敌营，培养革命骨干，筹措款目支持地下党组织活动做出积极贡献。

1949年5月上旬，在平潭人民游击队奉命解放平潭的战斗中，杨建福以县自卫队分队长身份发挥内线作用，使游击队顺利攻下敌据点“中正堂”，向上级党组织交上了一份圆满的答卷。事后，杨建福被林荫怀疑，受到软禁削职等处分。但因身份没有暴露，仍继续在隐蔽战线为革命工作。

平潭解放后，由于“城工部事件”未得到解决，杨建福潜伏于敌人内部的特殊身份与经历成为历史问题，受到不公正的待遇。1955年10月，杨建福被平潭政法部门以“历史反革命”罪判处有期徒刑7年，并遣送外地劳改。1956年，党中央为福建“城工部事件”平反，杨建福遂于1957年1月获释回家。但由于党籍得不到恢复，在此后一系列的政治运动中，杨建福多次因所谓“政历问题”而成为批判斗争的对象，甚至还株连到妻儿、亲属。

1981年冬，杨建福心脏病复发，患病期间仍念念不忘恢复党籍问题，当年12月11日因病治疗无效离世。1984年，中共福州市委组织部最终同意平潭县委关于杨建福城工部党籍问题的审查意见，确认杨建福为中共党员，入党时间为1946年8月。

吴章富

吴章富出生于1918年农历十二月二十七日，平潭县伯塘村(国彩村)人，平潭老游击队员。

青年时期的吴章富，家庭饱受欺压，激发了他对旧社会的无比憎恨，毅然决然走上了革命之路，经历过枪林弹雨的洗礼。1948年，吴章富根据闽(清)、古(田)、连(江)、罗(源)、林(林森即闽侯县)五县中心县委命令，在高飞、吴兆英等人领导下，在平潭伯塘、江楼、当盛等地发动群众开展抗丁、抗粮、抗税、抗工的斗争，打击地主、恶霸等活动。

1949年5月，为了表达平潭游击队对党的忠诚，洗刷闽中司令部对平潭城工部的误判之耻，高飞、吴兆英等经过精心谋划，于5月5日凌晨攻打"中正堂"，吴章富得到命令带队在"中正堂"正面的小山坡用机枪吸引敌人，掩护40名敢死队员冲进"中正堂"，实现平潭第一次解放。

1949年5月30日，吴章富跟随平潭游击队在解放平潭后退往福清，住进云中洋村。7月6日，高飞等决定夜袭福清县城西北一带的敌人据点，指派分队长吴章富、高名山、吴秉华各带30名游击队员阻击进犯之敌，当时，我军由三个分队组成三角型的防御阵地，轻重火力交叉配置，吴章富带领吴翊耀等30名队员在福清县城西北莱安山一侧狙击敌人，由于敌人工事坚固，吴翊耀在向敌阵地匍匐前进时不幸中弹，英勇牺牲。经过4小时的激烈战斗，在我游击队员舍生忘死的奋战下，终于歼灭了敌人。与此同时，平潭游击队也取得以陈亨源为代表的闽中司令部的信任。1949年7月中下旬，在莱安战役胜利的鼓舞下，平潭游击队根据上级指示又来到永泰、闽清一带，目的是消灭永泰县自卫团团长徐国财、保安队队长徐钦发等敌军的武装力量。彼时，在永泰洋尾寨与徐国财、徐钦发两股敌人激战7天8夜，吴章富英勇无畏，不顾遍体鳞伤，坚持战斗，直至最终胜利。

1949年9月，国民党73军大举进犯平潭，吴章富被分配到中国人民解放军第28军，与吴秉熙同在闽侯（即特务连），主要负责搜集平潭情报，充当向导。9月16日随从中国人民解放军参加第二次解放平潭的战斗。

解放后，吴章富在50年代至70年代先后担任平潭县平原乡党委书记，平潭县标准砂厂首任厂长兼党支部书记，平潭县油酒厂厂长，平潭县农业机械厂党支部书记等职，在任期间坚持原则，家中八个子女除了一个自己考上大学而得到就业机会外，其余均在农村务农谋生，没有要求组织给予照顾安排。他离休后，依然过着清贫的生活，但常存感恩心怀，并谆谆教诲后代做厚道之人。吴章富于2002年11月安然逝世，享年84岁。

三、名士录

该部分收录成书时依然健在的数位老地下党员、老游击干部的奋斗事迹。他们不仅在革命时期浴血奋战、矢志不渝，而且新中国成立后不忘初衷，与时俱进，奋斗在各条战线上，做出了可贵的贡献，赢得人们的赞誉。所录名士排名不分先后。

翁强吾

中楼乡后旺久村人，1927年8月25日出生。1945年3月参加地下革命，次年3月入党。地下革命时期，历任中共三都工委书记、连江县委副书记、连罗游击总队副队长。新中国成立后，历任平潭县政府副县长、县政协副主席。离休后，享受地厅级干部待遇。

1946年10月，翁强吾奉组织指令，在福州祭酒岭学校就学时，与张超、杨清琪、杨长基、林我钟等同学，组织爱国学生开展“反饥饿、反迫害、反内战”的学运工作。当年12月，因北京大学女生沈崇被美军强奸事件，组织福州院校学生开展规模浩大的示威游行，声援北京学生，亦因而暴露身份，党组织决定其转到宁德三都中学续学。

三都中学学生有500余人，系闽东地区著名的省立中学，是国民党当局严控的单位。为开展学运筹组“读书会”，成立“平潭旅外同学奔涛学术研究会”，从中团结、发展先进学生参加地下革命活动。为加强组织力量，经曾焕乾批准，成立地下党三都工委，翁强吾任工委书记。从此，三都的学运工作开展得更加有声有色，引起反动当局的注意。1947年7月，奉城工部曾焕乾书记指令，他暂回平潭执行任务。1947年5月，地下党平潭工委书记吴秉瑜不幸被捕。翁强吾通过关系找到被捕的吴秉瑜，秘密传递了曾焕乾同志的信件。在岚期间，翁强吾与地下党张超、杨清琪、林奇峰等相互配合，在富有晒盐传统的韩厝地区，发动贫苦的盐民反“统堆”斗争，张贴“告盐民书”和警告盐霸和伪县政府的传单。由于盐民团结一致与盐霸做斗争，打击盐兵事件不断发生。县长林荫恼羞成怒，准备搜捕翁强吾。在群众掩护下，翁强吾与翁绳堂、吴双顺从下苏澳乘船离开平潭，脱离了险境。反“统堆”斗争，县政府被迫同意提高盐价25%，稍稍满足了盐民的最初要求。

返回福州后，接受曾焕乾书记指示，翁强吾重返三都，部署三都工委开展惩治不法米商的斗争，在邻近的福安、宁德等县散发革命传单，扩大党的影响。1948年元旦前夕，又组织三都中学学生怒砸三都税务局牌子，反对国民党滥税害民的政策，获得群众拥护。为此国民党宁德当局的特务目标对准翁强吾。形势十分险恶，翁强吾在化学女教师林依杉帮助下迅速从学校脱身，并按组织决定撤离三都，开始了连罗游击总队武装斗争的日子。由于在三都中学打下坚实的群众基础，许多进步青年学生纷纷加入连罗游击总队，在八都、霍童、洋中、溪源、闽坑等地打击反动武装，缴获许多轻重武器、粮食等物资，扩大了连罗游击总队的影响。

1948年元旦后，闽、古、连、罗、林五县中心县委书记林白，调翁强吾到连江，作为连江县委书记杨华的助手，为中心县委委员。主要工作为宣传发动群众开展游击斗争，发展建立党组织，开展“四抗”“一拖”斗争，使党的“以农村包围城市”的方针得以实施。为了筹集资金购买武器，许多同志忍饥挨饿，节省活动经费。同时发动群众捐献，并向地主资本家“借粮”，终于添置1支自动步枪、1支冲锋枪、5支短枪、7支步枪，拉起了武装队伍。

1949年农历正月十四日，中心县委接到地下党黄则琨被捕信息，翁强吾即组织武工队到浦口村营救。1949年3月一个夜晚，翁强吾率武工队到蓼洋浦边伏击血债累累的地霸保长韩宗光，为民除恶。当月，又率游击队到松岭村设伏，镇压了民愤极大的国民党副参议长兼民团团长曾献谷，并缴获长短枪41支、子弹千余发。5月以后，翁强吾在连罗两县组织游击队袭击国民党军队，抓获敌谍报人员，在30余次战斗中，毙敌40多人，伤敌100多人，俘敌900余人，缴获轻重武器千余支、子弹3万余发、手榴弹4000余粒。1949年7月7日，连罗游击总队终于与解放大军在连江县高岳胜利大会师，随后配合解放大军迈向新的征程。

王祥和

流水模镜人，生于1927年。学生时代就接受共产党进步思想教育，参加反“四征”活动，散发传单。1948年参加平潭人民游击支队，并加入共产党。长期在平北游击区开展革命工作，担任一连指导员，参加两次解放平潭。1949年7月，国民党残部占据平潭，平潭人民游击队奉命战略转移到福清、长乐、永泰，王祥和与刘益泉等10多位同志奉命在君山、乌石、模镜、盘团、大富村一带转入地下斗争，发动群众，与敌人周旋，收集敌情，提供给部队，为解放军解放平潭做了大量支前工作。王祥和受副支队长指示，把平潭13位政工人员带到长乐江田，与游击队会合。

平潭游击支队解放县城后，经中共闽中地委和闽中游击司令部党委批准，于1949年5月13日成立平潭县人民政府，高飞任县长，下设十个区，王祥和任流水区长。新中国成立后王祥和历任平潭四区区长，平潭县合作总社和县委办负责人，闽侯、晋江地委海防部主办秘书。“文革”后，任县农委主任，后担任平潭关工委常务副主任，获评为全国关心下一代先进工作者，并多次担任县党风廉政监督员。曾编著出版《岁月留痕》一书。离休后享受地专级副厅待遇。

吴正寿

平原当盛村人，于1931年出生于贫农家庭。8岁时在亲友接济下读完小学，又经三度辍学才读完初中。

1948年年初，吴正寿在岚华中学地下党同志的引导下，参加进步学生活动，宣传民主，组织罢课，后因活动暴露，不久，即离校到游击根据地玉屿村参加游击队，参与解放县城的战斗。1949年7月游击队战略转移，在吴兆英带领下到长乐，在连队负责文化宣传工作。后参加了解放长乐县城的战斗。为迎接平潭解放，参与筹集船只、船工及向导工作。平潭解放后，带领工作队开展减租反霸等工作。不久，就任文教科主办科员。此后长期奋战于文教战线，担任过文化馆馆长、文教科科长、工商局局长、卫生局局长、县委宣传部副部长兼文明办主任等职。离休后，享受正处级待遇，继续发挥余热，做了许多有益于社会、有益于人民的工作，担任县关委副主任、老年大学常务副校长、老体协副主任，兼任县行风廉政监督员。

几十年来，吴正寿坚持自学、勤于笔耕。编撰出版《文化养老》《老人保健歌》《读书之悟》《清廉颂》，以及数十篇论文。两次被福建省授予老年教育先进个人，2009年荣获“全国老年教育先进工作者”。其业绩被《名人辞典》《专家辞典》等收录。

陈孝义

1928年11月19日出生在岚城乡中湖村一个比较殷实的家庭。胞兄陈孝仁于1939年6月日伪第一次侵占平潭时，投军从戎。在其胞兄影响下，陈孝义自幼受到革命的启蒙教育。1945年从平潭岚华初中毕业后，到福州英华中学读高中。1947年秋，由中共党员张纬荣介绍参加革命活动。后来在曾焕乾教育帮助下，立志跟党干革命，由于组织学生工作取得较好成绩，遂由张纬荣介绍加入中国共产党，当年2月，陈孝义被任命为中共英华中学支部委员会书记，并在学生中发动罢课游行，到省府请愿。由于在学潮中经常抛头露面，暴露了身份，不得不转移到福清东张灵石山革命据点。当年4月，因福清工委书记陈振华被捕叛变，据点暴露，陈孝义等人即回到平潭，于当年7月，组建中共平潭学生临时支部委员会。两个月后，根据城工部领导指示，陈孝义到福清文光中学以读书为名开展革命活动，并担任中共文光中学支部书记。

1948年4月，“城工部事件”发生后，陈孝义接到张纬荣通知返回平潭，加入平潭游击队。在游击支队成立后，他担任中队指导员。1949年5月3日，张纬荣不幸被捕，他通过其大姐将消息报告给玉屿村游击队负责人。为营救张纬荣，游击队提前于5月5日攻打“中正堂”，解放县城，解救张纬荣。县城解放后，人民政府成立，陈孝义任苏澳乡负责人。国民党73军退据平潭后，陈孝义随游击队主力撤至福清、永泰等地，参加福清菜安、永泰洋尾寨、霞拔等战斗，打击了当地的反动势力，并为解放大军解放平潭做了大量的支前工作。

解放后，县人民政府成立，陈孝义任二区副区长、县人大秘书、民工大队大队长，荣立三等功。1957年11月，在反右斗争中被打成“地方主义分子”，经受了7年“劳动教养”，于1964年2月平反，安排在百货工作。1983年10月恢复党籍，任商业局副局长、局长。先后当选三届人大代表。1993年离休，享受正处级待遇。

刘益泉

流水乌石村人，生于1927年4月7日，福建水产职业学校毕业。1949年1月参加中共地下党组织为正式党员，委派到中山中心小学任教，从事革命活动。张贴反“四征”布告，散发传单，并负责各革命游击村的通讯联系和宣传发动工作。当年参加平潭人民游击队，负责宣教工作。参与5月5日平潭游击队攻打县城。不久，国民党残部南撤进驻平潭后，平潭游击队奉命进行战略转移到福清、长乐，在长乐江田编入闽中游击队，任闽中大队平潭中队文化教员，并被委派到松下协助当地农会筹集粮草、毛猪等物资，以解决游击队供给。解放后，被委派到古槐、营前催促当地农会调运粮食、保证军需。8 月 20 日，吴兆英率中队队员开赴福清县城，为南下部队承担支前工作。益泉被派往东瀚各个沿海自然村澳口征集船只、船员和粮草，协助部队进行夜间登陆训练。9 月 16 日晚，解放平潭战斗开始，被派到部队某连当向导，跟随部队从福清上可门、大坵一直打到平潭县城。

平潭解放后，刘益泉分配到县政府负责地方征税工作，后在税务局担任会计股股长、秘书股长。1958 年担任《平潭人民报》记者，1961 年任县委办副主任。此后历任流水公社核心组长、革委会主任，当选县委委员、苏澳公社党委书记。1978 年至 1981 年参加幸福洋围垦工程，奋战在施工第一线。1982 年调任县农委副主任兼任县农业区划委员会副主任兼办公室主任，1984 年任政府办主任。1985 年 8 月任县人大常委会办公室主任、常委，直至 1989 年离休，享受副处级待遇。

徐兴禄

徐兴禄，男，流水山边后斗楼人，1934 年出生，初中毕业。1949 年参加平潭人民游击支队，新中国成立后，历任县委机关通讯员，参加过土改工作队，在县委机关当干事，担任县体委副主任，主持过教育局工作，后为县委组织部干事、县保卫组副组长、县粮食局党总支书记，主持局务工作。1994 年离休，享受正科级待遇。

离休后，担任老人大学时政教员。为发挥余热，自费出资十多万元，历时 10 多年，编写了《迟到的光环》《岚岛烽火》《泱泱海山腔》《夕阳闲话》等百多万字历史资料及民俗文化专集，内容丰富，文笔生动，深受读者欢迎。

参考文献

平潭党史研究室编:《平潭英烈》,内部资料,2002 年。

平潭党史研究室编:《平潭党史资料》,内部资料,1997 年。

平潭县地方志编纂委员会编:《平潭县志》,北京:方志出版社,2000 年。

平潭党史研究室编:《中国共产党平潭县历次代表大会资料汇编》,内部资料,2008 年。

徐兴禄编著:《迟到的花环》,内部资料,2013 年。

徐兴禄编写:《岚岛烽火》,内部资料,2014 年。

王祥和编著:《岁月留痕》,内部资料,2014 年。

曾瑞生编著:《赤胆忠魂——纪念曾焕乾烈士诞辰九十五周年》,内部资料,2016 年。

冯秉瑞:《峥嵘岁月稠——翁绳金传》,福州:海峡文艺出版社,2016 年。

周裕惠编著:《情系海坛集》,内部资料,2017 年。

冯秉瑞、吴怀民:《他在丛中笑——吴秉瑜传》,福州:海峡文艺出版社,2017 年。

冯秉瑞:《清气满乾坤——林中长传》,福州:海峡文艺出版社,2019 年。

冯秉瑞:《丹心照汗青——曾焕乾传》,福州:海峡文艺出版社,2019 年。

冯秉瑞:《铁骨丹心——吴秉熙传》,福州:海峡文艺出版社,2019 年。

后 记

福建是我国著名的老区大省，平潭是省定的老区县。为抗御外敌，推翻旧政权，建立新中国，平潭老区革命群众在党的领导下进行了艰苦卓绝的斗争和卓有成效的努力，留在记忆中与史册上是一串串耀眼的明珠，一页页精美的华章。为真实地记录将近90年的奋斗历程，在平潭综合实验区党工委、管委会直接领导下，经过编纂人员近一年的努力，本书终于成稿付印、出版发行。

在本书的编撰过程中，福建省老促会给予高度关注，区直相关部门和各片区予以积极配合，其间，部分老区干部、群众也积极主动地提供资料、审阅初稿，并提出许多修改意见。为慎重起见，还多次征求省市有关专家、学者的意见、建议，召开相关部门领导及有关专家的座谈会。几经修改，终于完成编撰任务。平潭综合实验区党工委书记陈善光十分关注本书的编撰工作并为本书作序。对于各级领导的关怀和各位专家、学者的支持、帮助，在此一并致以谢意。

鉴于时间的仓促，人手的不足，以及历史档案资料的欠缺，本书的编写遇到不少困难，其中存在的差错缺失自是难免，敬请读者批评指正。

编者

2021 年 2 月